Die innere Kunst der Arbeit

Wir brauchen eine neue Philosophie der Arbeit,
die auf der Grundlage von größerem menschlichem Verständnis,
von Respekt für uns selbst und für andere beruht
und auch um jene Qualitäten und Fähigkeiten weiß,
die Frieden in der Welt schaffen:
Kommunikation, Kooperation und Verantwortungsgefühl.

Die innere Kunst der Arbeit

Ein sanfter Weg zum Erfolg

Tarthang Tulku

Dharma Publishing Deutschland

Autorisierte Übersetzung aus dem Amerikanischen
vom Übersetzerteam des Nyingma Zentrums

Die Deutsche Bibliothek – CIP-Einheitsaufnahme
Tarthang <sPrul-sku>:
Die innere Kunst der Arbeit : ein sanfter Weg zum Erfolg / Tarthang Tulku.
[Aus dem Amerikan. Übersetzerteam des Nyingma Zentrums].-
Münster : Dharma Publ. Deutschland, 2001
Einheitssacht.: Skillful means <dt.>
ISBN 3-928758-13-6

Originaltitel: Skillful Means – Patterns for Success
Erschienen bei: Dharma Publishing, Berkeley, USA

Satz: Thomas Nuber, München
Druck: DHARMA Druck, Altenberge
Printed in Germany
ISBN 3-928758-13-6

Wir haben eine Verantwortung zu arbeiten, unsere Begabungen und Fähigkeiten anzuwenden, und unsere Energie zum Leben beizutragen. Unser Wesen ist kreativ, und wenn wir dies auszudrücken lernen, erzeugen wir immer mehr Begeisterung und Kreativität und regen damit beständig Freude in der uns umgebenden Welt an. Bereitwillig und mit ganzer Energie und Begeisterung zu arbeiten ist unser Beitrag zum Leben. Wenn wir so arbeiten, verwirklicht sich ›Die innere Kunst der Arbeit‹.

Allen gewidmet,
die im Land der Möglichkeiten
leben und arbeiten.

Inhalt

Teil Drei: Teilen

Übungen in ›Innere Kunst der Arbeit‹

Weitere Übungsmöglichkeiten

Informationen über Kurse zur Vertiefung der in diesem Buch vorgestellten Methoden erhalten Sie beim:
Nyingma Zentrum Deutschland e. V.,
Wilhelmstraße 28, 48149 Münster.

Vorwort

Arbeit verliert heutzutage für immer mehr Menschen ihren Sinn. Die daraus entstehende Unzufriedenheit ist keineswegs nur auf bestimmte Berufe, Lebensläufe oder Weltanschauungen beschränkt, sondern durchdringt auf subtile Weise alle Bereiche der Arbeit. Dies ist bedauerlich, da Arbeit ein sehr wirksames Mittel ist, um tiefe Zufriedenheit im Leben zu finden. Arbeit kann eine Quelle des Wachstums sein, eine Gelegenheit, mehr über uns selbst zu erfahren und positive und gesunde Beziehungen zu entwickeln. Wenn wir unsere Arbeit unter diesem Gesichtspunkt betrachten, stellen wir fest, daß zwischen der Energie und Sorgfalt, die wir unserer Arbeit widmen und der Energie, die wir benötigen, um unsere Bewußtheit und Wertschätzung für das Leben zu verbessern, tatsächlich kein Unterschied besteht.

Allerdings ist es nicht immer einfach, den Ansatz zu finden, der Arbeit in einen Weg zu einem erfreulichen Dasein verwandelt. In der Zusammenarbeit mit meinen Schülern habe ich versucht, sie Tag für Tag zu ermutigen, damit sie in sich selbst die Mittel entdecken, durch die sie Befriedigung und Erfüllung in ihrer Arbeit finden. Das waren keine Belehrungen im traditionellen Sinn des Wortes, sondern Anregungen, die sie in ihrer Arbeit und ihrer inneren Entwicklung leiten sollten. Das vorliegende Buch entstand aus Aufzeichnungen solcher täglichen Diskussionen und es ist einfach eine Erweiterung vieler zwangloser Gespräche. Die *Innere Kunst der Arbeit* behandelt typische Situationen, denen wir in der Arbeit und im Alltag begegnen, und beschäftigt sich mit Denk- und Handlungsgewohnheiten, die uns häufig daran hindern, unsere Ziele zu verwirklichen und ein sinnerfülltes Leben zu führen.

Es ist eine der schwierigsten Lehr- und Lernaufgaben, Verhaltensmuster, die sich früh im Leben geformt haben, zu ändern. Wir meinen oft, daß wir Angewohnheiten, denen wir ein ganzes Leben lang gefolgt sind, nicht verändern können, und fühlen uns deswegen in gewisser Hinsicht eingeschränkt. Wenn wir tatsächlich für alle Gelegenheiten aufgeschlossen sind, die uns das Leben bietet, gibt es für das, was wir in Wirklichkeit erreichen können, keine Grenzen. Wir können die selbstauferlegten Beschränkungen durchbrechen, gewaltige Veränderungen bewirken und ungeahnte neue Fähigkeiten in uns entdecken. Und vor allem: wir können uns unseres wahren Potentials bewußt werden.

Arbeit als Mittel zu Wachstum und Entwicklung zu nutzen hat das Leben meiner Schüler und mein eigenes Leben grundlegend verändert. Ich sehe es als meine Pflicht an zu arbeiten, und das, was ich lerne, mit anderen zu teilen. Dies ist meine Verantwortung und mein Beitrag zum Leben. Durch die Arbeit habe ich viel gelernt, und ich bin sehr dankbar für die vielen mir gegebenen Gelegenheiten, zu lernen und zu teilen.

In den letzten zwanzig Jahren hatte ich die Möglichkeit, sowohl östliche wie auch westliche Arbeitsweisen und Lebensstile kennenzulernen. Ich verließ Tibet 1959. Bevor ich in die Vereinigten Staaten kam, lehrte und arbeitete ich zehn Jahre in Indien. In den letzten zehn Jahren habe ich täglich intensiv mit Amerikanern unterschiedlichster Herkunft und Berufe zusammengearbeitet. Dieses schloß Bereiche wie Management, Ausbildung, Verwaltung, Beratung, Bauwesen, Buchproduktion und graphische Kunst mit ein.

Auch wenn ich lehre, bin ich im Grunde meines Herzens ein Schüler des Lebens und der menschlichen Natur. Meine Herkunft und Ausbildung haben mich nicht direkt auf das Leben im westlichen Kulturkreis vorbereitet, und ich war sehr interessiert, so viel wie möglich aus der praktischen Erfahrung, im Westen zu arbeiten, zu lernen. Eine Kultur durch die Augen eines Fremden zu sehen ermöglicht häufig eine frische Perspektive auf Situationen und Einstellungen, die gewöhnlich als selbstverständlich betrachtet werden. Ich habe die Unzufriedenheit gespürt und beobachtet, die viele Menschen in ihrer Arbeit erfahren. Auch wenn meine eigene Arbeit nicht immer leicht war, fand ich sie doch anregend und lohnenswert. Durch meine Erfahrungen in der Arbeit habe ich die Freude kennengelernt, die entsteht, wenn ich mich der Arbeit in vollem Umfang widme. Meine Erfahrungen haben mir auch gezeigt, wie andere von dieser Arbeitsweise profitieren können.

Bei der Entwicklung der *inneren Kunst der Arbeit* bestand das vorrangige Ziel darin, diese Erfahrungen mit Ihnen zu teilen und Ihnen damit vielleicht einen Weg zu größerer Zufriedenheit in Leben und Arbeit aufzuzeigen. Jeder Mensch ist einmalig und jede Lebenssituation stellt sich anders dar. In diesem Buch finden sich wertvolle Hinweise, deren Verschiedenartigkeit jedem Leser und jeder Leserin Anstoß geben kann, Schwierigkeiten zu erkennen, zu bewältigen und auf dem Weg zu Wachstum und Zufriedenheit weiterzugehen.

Wenn wir die *innere Kunst der Arbeit* anwenden, gehen wir unsere Arbeit direkt an, handeln unverzüglich, um unsere Probleme zu lösen, und entdecken die Kraft unserer natürlichen Fähigkeiten. Jeder von uns besitzt dieses Potential, und wenn wir es verwirklichen, können wir unsere Einsichten und unsere Wertschätzung mit anderen teilen. Schließlich sind wir vielleicht in der Lage, der ganzen Menschheit Nutzen und Freude zu bringen, so daß alle lernen werden, ein erfülltes Leben zu führen.

Andere möchten vielleicht diese Ideen weiterentwickeln, um sie besser auf ihre jeweilige Arbeitssituation sowie auf ihr inneres Wachstum abzustimmen. Es spielt keine Rolle, wer diese Ideen weiterführt; wichtig allein ist der Wert, der aus ihrer praktischen Anwendung erwächst – in der Arbeit und in allen anderen Lebensbereichen.

Wir leben in einer schwierigen Zeit. Es ist nicht leicht, einen Sinn in den Geschehnissen und Dingen zu entdecken, und viele Menschen suchen nach einem Weg, ihre Arbeit und ihr Leben erfüllender und bedeutungsvoller zu gestalten. Dieses Buch enthält einige Betrachtungen, die im Verlauf der letzten Jahre gesammelt wurden und die ich gerne mit Ihnen teilen möchte.

Meinen Schülern und Mitarbeitern bei Dharma Publishing möchte ich für ihre Hilfe bei der Herausgabe und Veröffentlichung dieses Buches meine tiefe Anerkennung aussprechen. Durch ihren großzügigen Einsatz von Zeit und Energie leisteten sie einen unschätzbaren Beitrag bei der Herstellung von *Die innere Kunst der Arbeit*.

Tarthang Tulku, Oktober 1978

Einleitung

Jedes Lebewesen im Universum offenbart seine wahre Natur im Prozeß des Lebens. Arbeit ist die natürliche Antwort des Menschen auf das Lebendigsein, unsere Weise, am Geschehen im Universum teilzunehmen. Die Arbeit erlaubt uns, unser Potential voll auszuschöpfen und uns der unendlichen Weite von Erfahrung zu öffnen, die selbst der profansten Tätigkeit innewohnt. Durch die Arbeit können wir den sinnvollen Einsatz unserer Energie erlernen, so daß alle unsere Handlungen mit Erfolg und reicher Erfahrung belohnt werden.

Es entspricht unserer menschlichen Natur, zufrieden und erfüllt zu sein. Arbeit gibt uns die Gelegenheit, diese Zufriedenheit zu verwirklichen, indem wir die wahren Qualitäten unseres Wesens entwickeln. In der Arbeit drücken sich die Fähigkeiten unseres gesamten Seins aus. Arbeit ist unser Werkzeug, mit dem wir in uns selbst und auf der Welt Gleichgewicht und Harmonie schaffen. Durch die Arbeit führen wir dem Leben unsere Energie zu und setzen dabei Körper, Atem und Geist in schöpferischer Tätigkeit ein. Indem wir unsere kreativen Kräfte anwenden, erfüllen wir unsere natürliche Rolle im Leben und inspirieren alle Lebewesen mit der Freude, die durch lebendige Teilnahme entsteht.

Jeder von uns spürt, welche Rolle Arbeit in unserem Leben spielt. Wir wissen, daß Arbeit sich auf jeden Bereich unseres Daseins beziehen kann und unseren Geist, unser Herz und unsere Sinne vollständig zum Ausdruck kommen läßt. Allerdings ist es heutzutage ungewöhnlich, sich so tief auf die Arbeit einzulassen. In der heutigen komplexen Gesellschaft wissen wir nicht mehr, wie wir unsere Fähigkeiten einsetzen müssen, um ein fruchtbares und sinnerfülltes Leben zu führen. In der Vergangenheit spielte

Erziehung eine große Rolle in der Weitergabe von Wissen. Dieses Wissen ist notwendig, um Lernen und Erfahrung zu integrieren, um unsere innere Natur auf praktische Weise auszudrücken. Heute wird dieses lebendige Wissen nicht länger weitergegeben. Daher ist unser allgemeines Verständnis von Arbeit beschränkt und wir erfahren nur selten die tiefe Befriedigung, die entsteht, wenn wir geschickt arbeiten, mit dem Einsatz unseres gesamten Seins.

Da wir zur Befriedigung unserer Grundbedürfnisse nicht mehr all unsere Kräfte mobilisieren müssen, sind wir nur noch selten mit ganzem Herzen und Verstand bei der Arbeit. Tatsächlich ist es zur Norm geworden, nur so viel zu arbeiten, daß man sein Auskommen hat. Die meisten Menschen erwarten nicht, ihre Arbeit zu mögen, geschweige denn sie gut auszuführen. Arbeit wird oft nur noch als Mittel zum Zweck angesehen. Ganz gleich, welchen Beruf wir ausüben, wir sind zu der Auffassung gekommen, daß Arbeit uns unsere Zeit stiehlt und eine unangenehme, nicht zu vermeidende Pflicht ist.

Bei entsprechend starkem Anreiz werden wir vielleicht trotzdem hart arbeiten. Wenn wir aber unsere Motive sorgfältig untersuchen, stellen wir fest, daß sie eine Widerspiegelung begrenzter Sichtweisen darstellen: die Verbesserung unserer Stellung, die Vergrößerung persönlicher Macht und persönlichen Besitzes, die Wahrung von Interessen, denen wir uns durch Name und Familie verpflichtet fühlen. Derartig ich-bezogene Beweggründe machen es uns schwer, unser menschliches Potential durch Arbeit zum Ausdruck zu bringen und weiterzuentwickeln. Anstatt uns in den positiven Qualitäten unseres Wesens zu verankern, begünstigt die Arbeitswelt Eigenschaften wie Konkurrenzdenken und Manipulation.

Es gibt Menschen, die als Antwort auf diese Verhältnisse Arbeit grundsätzlich zu vermeiden suchen. Wenn wir diesen Standpunkt einnehmen, meinen wir vielleicht, daß wir einem höheren Wert folgen. Aber anstatt eine gesunde Alternative zu finden, die unsere Lebensfreude vergrößern kann, schränken wir unsere Möglichkeiten noch mehr ein. Wenn wir leben, ohne zu arbeiten, kommt das einem Rückzug aus dem Leben gleich. Verweigern wir unserer Energie, sich in der Arbeit auszudrücken, betrügen wir uns unwissentlich um die Gelegenheit, unser Wesen zu verwirklichen, und bringen andere um den einzigartigen Beitrag, den wir für die Gesellschaft leisten könnten.

Das Leben fordert einen Preis für weniger als volles Teilnehmen. Wir verlieren den Kontakt zu den menschlichen Werten und Qualitäten, die sich natürlicherweise aus einem vollen Engagement in der Arbeit und im Leben entwickeln: Integrität, Ehrlichkeit, Treue, Verantwortungsgefühl und Kooperationsbereitschaft. Ohne die Begleitung, die diese Qualitäten unserem Leben geben können, lassen wir uns treiben, einem unbehaglichen Gefühl von Unzufriedenheit ausgeliefert. Wenn wir das Wissen verloren haben, wie wir in sinnvoller Arbeit eine Grundlage finden können, wissen wir nicht mehr, wo wir uns hinwenden können, um unserem Leben wieder eine Bedeutung zu geben.

Es ist wichtig zu sehen, daß unser Überleben im weitesten Sinne von unserer Bereitschaft abhängt, mit ganzem Herzen und mit dem Einsatz aller geistigen Kräfte zu arbeiten – von dem Willen, am Leben rückhaltlos teilzunehmen. Nur so können wir die menschlichen Eigenschaften und Werte verwirklichen, die uns selbst, unserer Gesellschaft und der ganzen Welt Gleichgewicht und Übereinstimmung bringen. Wir können die Folgen von eigennützigen Beweggründen, von Verhaltensweisen wie Konkurrenzdenken und Manipulation nicht länger übersehen. Wir brauchen eine neue Philosophie der Arbeit, die auf der Grundlage von größerem menschlichem Verständnis, von Respekt für uns selbst und für andere beruht, und auch um jene Qualitäten und Fähigkeiten weiß, die Frieden in der Welt schaffen: Kommunikation, Kooperation und Verantwortungsgefühl.

Das bedeutet, uns offen mit unserer Arbeit auseinanderzusetzen, uns unsere Stärken und Schwächen ehrlich anzuschauen und die Veränderungen herbeizuführen, die unser Leben positiver gestalten werden. Wenn wir unsere Energie aufrichtig der Verbesserung unserer Einstellung zur Arbeit widmen und uns dabei weiterentwickeln, können wir das ganze Leben zu einer freudigen

Erfahrung machen. Die Fertigkeiten, die wir in der Arbeit erlernen, bestimmen den Rahmen für unser Wachstum. Sie geben uns auch die Mittel, um Zufriedenheit und Sinn in jeden Augenblick unseres Lebens und des Lebens anderer zu bringen. So zu arbeiten heißt: die Arbeit zur inneren Kunst zu entwickeln.

Die *innere Kunst der Arbeit* ist ein Prozeß in drei Schritten, den wir auf jede Situation unseres Lebens anwenden können. Der erste Schritt besteht darin, daß wir uns der Realität unserer Schwierigkeiten bewußt werden, nicht nur durch intellektuelle Anerkennung, sondern durch aufrichtige Selbstbeobachtung. Nur so werden wir die Beweggründe finden, um den zweiten Schritt zu tun: den festen Entschluß zu fassen, uns zu verändern. Beginnen wir das Wesen unserer Probleme zu durchschauen und sie zu ändern, können wir das Gelernte mit anderen teilen. Dieses Teilen kann die zufriedenstellendste Erfahrung überhaupt sein. Es liegt eine tiefe und dauerhafte Freude darin zu sehen, wie andere Mittel und Wege finden, um ihr Leben befriedigend und produktiv schöpferisch zu gestalten.

Die folgenden Ausführungen erörtern einige der Hindernisse, die auf dem Weg zu Übereinstimmung und Gleichgewicht in der Arbeit auftreten können, aber auch einige heilsame Werte, die wir entwickeln, um unsere Schwierigkeiten in eine Quelle des Wachstums zu verwandeln. Wenn wir mit Hilfe der *inneren Kunst der Arbeit* unsere positiven Qualitäten bei der Arbeit verwirklichen und stärken, erschließen wir uns die kostbaren Hilfsmittel und Reichtümer, die in uns auf ihre Entdeckung warten.

Jeder von uns trägt das Potential in sich, das Universum friedlicher und schöner zu gestalten. Sobald wir unsere Begabungen entwickeln und mit anderen teilen, können wir ihren Wert in tieferem Sinne wahrnehmen und würdigen. Diese tiefe Wertschätzung macht das Leben wirklich lebenswert und trägt Liebe und Freude in all unser Tun und unsere Erfahrungen. Indem wir lernen, bei allem, was wir tun, die *innere Kunst der Arbeit* anzuwenden, können wir unser Alltagsleben in eine Quelle der Freude und Verwirklichung verwandeln, die selbst unsere schönsten Träume noch in den Schatten stellt.

TEIL EINS

Bewußtheit

Wenn wir uns bewußt werden, daß es möglich ist innere Freiheit zu entwickeln, beginnen wir uns dem Vergnügen und der Freude zu öffnen, der Gesundheit und der Befriedigung, die wir überall finden. Bessere Selbsterkenntnis bringt tiefere Einsicht, mehr Verständnis und ein Gefühl des Friedens hervor. Wir werden körperlich und geistig gesunden; unsere Arbeit, Familie und Beziehungen bekommen mehr Bedeutung.

Innere Freiheit

Ist unser inneres Wesen wirklich frei, entdecken wir in uns einen ungeheuren Reichtum: Liebe, Freude und geistigen Frieden. Wir beginnen, die Schönheit des Lebens wahrzunehmen und zu würdigen, wir können jede Erfahrung annehmen wie sie ist, unser Herz öffnen und uns an ihr erfreuen. Diese Eigenschaften in uns selbst zu verwirklichen ist die größte Freiheit, die es gibt.

Wie viel von dieser inneren Freiheit gestehen wir uns jedoch tatsächlich zu? Wie empfänglich sind wir für unsere tiefsten Gedanken und Empfindungen, für das positive Wesen unseres inneren Seins? Selbst wenn wir diesen inneren Reichtum gelegentlich spüren, verschließen wir uns ihm häufig und fördern statt dessen unterschwellige Gefühle von Unzufriedenheit. Es mag Zeiten geben, in denen wir uns nicht einmal erlauben, glücklich zu sein, ohne uns schuldig zu fühlen, oder Zufriedenheit aus unseren Leistungen und Erfolgen zu gewinnen, ohne dabei gleichzeitig Zweifel oder Angst zu verspüren.

Warum wir den Kontakt mit uns selbst verlieren

Solche Gefühle lenken uns von unserem inneren Reichtum ab, so daß wir in der Außenwelt die Erfüllung unserer Wünsche suchen. Wir werden von den aufregenden Geschehnissen um uns herum angezogen und greifen in der Hoffnung auf Befriedigung ungeduldig nach ihnen. Indem wir unsere Energie von uns weg nach außen richten, nehmen wir jedoch die vielen inneren Botschaften unserer Sinne, Gedanken, Empfindungen und Wahrnehmungen nicht auf. Ohne dieses innere Wissen und die Freiheit, die es uns bieten kann, wird unsere Einstellung gegenüber unserer Erfahrung oberflächlich und unser Bewußtsein verliert an Tiefe und Klarheit. Auch wenn wir in der Welt erfolgreich sind, sobald wir von unserem eigentlichen Wesen abgeschnitten sind, hat unser Leben keine gesunde innere Grundlage mehr. Dies führt zu einem unterschwelligen Gefühl der Unsicherheit, und das Leben kann zunehmend leer und sinnlos erscheinen.

Der Kreislauf aus Unsicherheit, Abhängigkeit und Unzufriedenheit

Wenn wir nicht aus dem Wissen über uns selbst genährt werden, wenden wir uns auf der Suche nach Erfüllung häufig an andere. Da wir jedoch nicht wissen, was unserem Leben wirklich fehlt, sind wir unfähig, unsere Bedürfnisse deutlich zum Ausdruck zu bringen. Dies kann Enttäuschung und Schmerz zur Folge haben. Je mehr wir dann in Gefühle der Unzufriedenheit abgleiten, desto frustrierter und unsicherer werden wir uns fühlen: Wir werden unserer Beziehungen überdrüssig und können nicht mehr erfolgreich arbeiten. Wir sind alles andere als frei, gefangen durch unseren Mangel an Bewußtheit. Ein Sog erfaßt uns, der uns in scheinbar endlose Kreisläufe der Angst und Unzufriedenheit hineinzieht. Wir rennen im Kreis herum, ewig auf der Suche nach Erfüllung, ohne sie jemals zu finden. Diese Suche wird zu dem Schema, das unser Leben bestimmt.

Die Welt um uns herum ist schnellebig und drängt uns, mit ihr Schritt zu halten. Die meisten von uns wollen nicht so leben, aber wir sind in den Anforderungen der Gesellschaft an unser Leben gefangen. Oberflächlich betrachtet erscheinen wir vielleicht frei, aber innerlich leiden wir an der Anspannung, die von diesem rasanten Lebenstempo erzeugt wird. Wir bewegen uns dermaßen schnell, daß uns nicht einmal die Zeit bleibt, uns selbst wirklich wertzuschätzen. Wir verlieren den Kontakt zu unseren positiven Eigenschaften und der Kraft, die sie uns geben können.

Warum wir lernen uns anzupassen

Schon während der Kindheit bilden sich die Hindernisse heran, die uns in unserer inneren Freiheit behindern. Als Kinder wissen wir, was wir fühlen, und wir zögern selten, unsere Gefühle zu zeigen. Aber Druck von Familie und von Freunden verleitet uns dazu, die engeren Anschauungen und Verhaltensweisen zu übernehmen, die den Erwartungen anderer entsprechen. Sobald unsere natürlichen Gedanken und Gefühle unterdrückt werden, verlieren wir den unmittelbaren Kontakt zu unseren Sinnen und der Kommunikationsfluß zwischen Körper und Geist wird blokkiert; wir wissen nicht mehr, was wir wirklich fühlen. Während die Muster der Unterdrückung stärker und mehr fixiert werden, verringern sich unsere Möglichkeiten uns selbst auszudrücken. Wir haben uns an den Anpassungsprozeß gewöhnt und lassen, wenn wir älter werden, diese Strukturen unser Leben beherrschen; wir werden uns selbst fremd.

Übung 1: Innere Klarheit

Wie können wir wieder zu uns selbst finden? Was können wir tun, um wahrhaft frei zu werden? Wenn wir beginnen, unser inneres Wesen mit Klarheit zu beobachten, gewinnen wir eine Perspektive für unsere Entwicklung, die uns zum Wachsen befähigt. Diese Klarheit ist der erste Schritt zur Selbsterkenntnis. Wir können sie entwickeln, indem wir einfach die Aktivität von Körper und Geist beobachten.

Wo immer Sie auch gerade sind, was immer Sie auch gerade tun, Sie können die Beobachtung ihrer inneren Erfahrung üben, indem Sie sich jedes Gedankens und der Empfindungen, die ihn begleiten, bewußt werden. Sie können feinfühlig wahrnehmen, wie Ihre Handlungen Gedanken, Körper und Sinne beeinflussen. Die Verbindung zwischen Körper und Geist wird wiederhergestellt und geöffnet; so können Sie besser erkennen, wer Sie eigentlich sind und werden mit der Qualität Ihres inneren Wesens vertraut. Ihr Körper und Ihr Geist beginnen sich gegenseitig zu unterstützen und verleihen all Ihren Anstrengungen eine lebendige Qualität. Sie treten in einen lebendigen, dynamischen Prozeß ein, durch den Sie über sich selbst lernen. Die dadurch gewonnene Selbsterkenntnis bereichert alles, was Sie tun.

Wenn Sie Ihr inneres Wesen aufmerksam beobachten wird deutlich, wie viel Sie tatsächlich zurückgehalten haben und wie sehr Ihre Gefühle und Ihre wahre Natur eingesperrt waren. Erst jetzt können Sie beginnen, Ihre Gefühle zu öffnen und die in ihnen gebundene Energie freizusetzen. Indem Sie ruhig und ehrlich sind und sich selbst akzeptieren, bekommen Sie immer mehr Vertrauen und lernen, sich selbst neu und positiv zu sehen.

Übung 2: Mühelose Konzentration

Sobald Ihre inneren Wahrnehmungen klarer und fließender geworden sind, wird Konzentration Ihnen helfen, Ihre Energie dorthin zu lenken, wo sie gebraucht wird. Diese Konzentration ist keine strenge Disziplin; sie ist entspannt, fast beiläufig. Ihre Aufmerksamkeit ist gebündelt, nicht starr, sondern von einer mühelosen, freudigen Qualität. Sie können diese Konzentration beim Arbeiten entwickeln, indem Sie eine Sache nach der anderen beenden, Ihre ganze Aufmerksamkeit dem widmen, was Sie gerade tun und auf jede dazugehörende Einzelheit achten. Verweilen Sie mit Ihrer Aufmerksamkeit ganz bei der einen Aufgabe, bis sie wirklich abgeschlossen ist. Dann nehmen Sie sich die nächste Aufgabe vor und setzen den Prozeß fort. Sie werden feststellen, daß sich Ihre Klarheit und Einsicht vertieft und zu einem natürlichen Teil Ihres Tuns wird.

Mit größerer Konzentrationsfähigkeit entsteht Achtsamkeit, eine Bewußtheit, die jede Gedanken- und Gefühlsnuance und jede ausgeführte Handlung wahrnimmt. Achtsamkeit ist eine Kombination von Konzentration, Klarheit und Bewußtheit, die selbst die kleinsten Details Ihrer Erfahrung erfaßt. Konzentration und Klarheit alleine reichen nicht aus. Ohne Achtsamkeit sind Sie wie ein kleines Kind, das nicht realisiert, daß die Flut sein aus Sand gebautes Schloß bald hinwegschwemmen wird.

Übung 3: Wirksame Achtsamkeit

Achtsamkeit stellt sicher, daß Sie bei allem, was Sie tun, Ihr Bestes geben. Sie können Achtsamkeit entwickeln, indem Sie Ihre Klarheit und Intelligenz auf Ihre Arbeit konzentrieren. Beobachten Sie einfach, wie Sie an eine einfache Aufgabe herangehen. Wie fangen Sie an? Wie gehen Sie vor? Verstehen Sie überhaupt, was

Sie tun wollen? Schauen Sie in die Zukunft und sehen Sie, wohin die Aufgabe Sie führen wird? Betrachten Sie die Konsequenzen Ihrer Handlungen aus einer größeren Perspektive, während Sie auf jede Einzelheit Ihres Tuns achten. Sind Sie sich über die Wirkungen im klaren, die jeder Teilschritt Ihres Handelns nach sich zieht?

Mit zunehmender Achtsamkeit lernen Sie zu beobachten, wie kleine Schwachstellen in Ihrer Bewußtheit den Rhythmus und die Qualität Ihrer Arbeitsweise beeinflussen. Achtsamkeit läßt Sie mit fließenden und anmutigen Bewegungen arbeiten, Ihre Gedanken sind klar und strukturiert und Ihre Bemühungen erfolgreich. Da Sie sich mit jedem Stadium Ihrer Arbeit und mit den Konsequenzen jeder Handlung in tiefem Einklang befinden, können Sie sogar Ihre Ergebnisse voraussagen. Sie erkennen die Motive hinter Ihren Handlungen und bemerken unmittelbar, wenn Sie etwas vergessen oder Fehler machen. Wenn Sie in der Anwendung von Achtsamkeit geübter werden, können Sie zu einem grundlegenden Verständnis Ihrer selbst und Ihrer Handlungen durchdringen.

Klarheit, Konzentration und Achtsamkeit

Die Entwicklung von Klarheit, Konzentration und Achtsamkeit kann uns in einer Weise erziehen, wie es in der Schule nicht möglich ist, denn der Gegenstand unseres Studiums ist unser inneres Wesen. Jeder Schritt in diesem Prozeß führt zu größerer Selbsterkenntnis, zu einer genauen, aufmerksamen Qualität, die weitere Selbstentdeckung fördert.

Die so gewonnene Stärke und Bewußtheit geben uns Kontrolle über Richtung und Aufgabe unseres Lebens. All unsere Handlungen strahlen eine natürliche Fröhlichkeit aus; Leben und Arbeit nehmen eine leichte und freudige Qualität an, die alles, was wir tun, unterstützt. Das Leben wird zur Kunst, zu einem Ausdruck der fließenden Wechselwirkung von Körper, Geist und Sinnen mit jeder Erfahrung in unserem Leben. Indem wir uns bei der Erfüllung unserer innersten Bedürfnisse auf uns selbst verlassen können, werden wir wahrhaft frei. Innere Freiheit läßt uns unsere

Intelligenz klug einsetzen; haben wir gelernt, sie sinnvoll zu gebrauchen, können wir niemals mehr die Klarheit und das Vertrauen verlieren, die sie uns bringt.

Diese Freiheit und Vitalität stehen jedem von uns zur Verfügung. Wenn wir uns bewußt werden, daß es möglich ist, innere Freiheit zu entwickeln, beginnen wir uns dem Vergnügen und der Freude zu öffnen, der Gesundheit und der Befriedigung, die wir überall finden. Bessere Selbsterkenntnis bringt tiefere Einsicht, mehr Verständnis und ein Gefühl des Friedens hervor. Wir werden körperlich und geistig gesunden; unsere Arbeit, Familie und Beziehungen bekommen mehr Bedeutung. Wir erreichen unsere selbstgesteckten Ziele ohne Mühe. Wenn wir unsere innere Freiheit gewinnen, werden wir in all unserem Handeln eine tiefe und dauerhafte Freude entdecken.

Sich der Arbeit annehmen

Jeder Augenblick im Leben bietet eine Gelegenheit zu lernen; jede Erfahrung bereichert unser Leben. Wir führen bei einem großartigen Schauspiel Regie. Es liegt also an uns, jeden Augenblick unseres Lebens mit der erhebenden Qualität echter Inspiration zu inszenieren. Arbeit bestimmt einen großen Teil unserer täglichen Erfahrung. Sie bietet uns die Gelegenheit, jene universalen Qualitäten, die das Leben reich und sinnvoll machen, aktiv in uns zu entwickeln und zu vervollkommnen.

Arbeit wird zur Basis unseres Lebens und zum Mittel, unsere Pläne zu verwirklichen, wenn wir ihr unsere ganze Energie widmen. Als fester Bestandteil unseres Lebens fordert uns Arbeit beständig heraus und bietet uns ein Gefühl der Erfüllung, das durch nichts anderes vermittelt werden kann. Nehmen wir uns unserer Arbeit mit Sorgfalt an und führen auch schwierige, aber lohnenswerte Aufgaben erfolgreich durch, können wir unbegrenzte Freude im Leben finden.

Wenn Arbeit in unserem Leben nicht diese gesunde Rolle spielt, liegt es vielleicht daran, daß wir ihr nicht unsere ganze Energie und Bewußtheit widmen. Nehmen wir uns unserer Arbeit an, geben wir ihr die volle Kraft unseres Geistes und Herzens. Lernen wir dies, können Frustration und Langeweile, die so oft unsere Erfahrung in der Arbeit bestimmen, in eine Quelle der Freude und Sinngebung umgewandelt werden. Dieses Annehmen wird zu einer starken Motivation und gibt uns den nötigen Antrieb, uns selbst vielschichtigen und anstrengenden Aufgaben mit geistiger Offenheit zu nähern und bereitwillig alles Notwendige zu tun.

Sehen wir in unserer Arbeit nur ein Mittel, unseren Lebensunterhalt zu bestreiten, mag es uns merkwürdig erscheinen, sich ihrer anzunehmen, sie zu mögen, ja sogar zu lieben. Wenn wir Arbeit jedoch als einen Weg betrachten, um unsere gesamte Erfahrung zu vertiefen und zu bereichern, können wir alle diese Sorgfalt und Anteilnahme im eigenen Herzen finden. Wir können sie in unseren Mitmenschen wachrütteln, indem wir jeden Aspekt der Arbeit zum Lernen und Wachsen nutzen.

Übung 4: Den Tag planen

Sie können für sich selbst das Gefühl von Erfüllung entdecken, das engagiertes Arbeiten bieten kann. Nehmen Sie sich am Morgen bei Arbeitsbeginn Zeit und verschaffen sich einen Überblick über die Aufgaben dieses Tages. Wenn Sie dies tun, können Sie dadurch Ihre Energie in lebendiger Weise lenken und ein klares Gefühl für Richtung und Ziel entwickeln.

Während Sie Ihren Tag planen und die Erfordernisse Ihrer Arbeit abwägen, lassen Sie Ihren Geist von äußerlichen und unwichtigen Ablenkungen wandern hin zu einer inneren, unmittelbaren Beteiligung an der Arbeit selbst. Der Wechsel von einem zerstreuten Geisteszustand hin zu einer gesammelten, sorgfältigen Aufmerksamkeit ermöglicht es Ihnen, die volle Konzentration auf jede Aufgabe zu richten. Diese kann beendet werden, bevor Sie eine neue beginnen. So zu arbeiten vertreibt das Gefühl, daß es zu viel zu tun gibt und niemals genug Zeit, es zu bewältigen. Wenn Sie gut planen und Ihre Energie auf die Arbeit konzentrieren können, werden Sie weit mehr erreichen, als Sie erwartet haben.

Übung 5: Auf den Tag zurückblicken

Sie können auch am Ende des Tages Ihren Fortschritt begutachten, indem Sie sich bewußtmachen, wie viel Aufmerksamkeit und Konzentration Sie Ihrer Arbeit gewidmet und wie viel Sie erreicht haben. Haben Sie effizient und gut gearbeitet und Ihre ganze Kraft eingesetzt, dann wird sich Ihr Geist klar und erfrischt und Ihr Körper sich kräftig fühlen. Auch wenn Sie nicht all Ihre ursprünglichen Ziele erreichen konnten, haben Sie dennoch Energie dazugewonnen, so daß Sie in Zukunft noch mehr zu erreichen vermögen.

Gut zu arbeiten ist eine hervorragende Übung für Körper und Geist. Wenn uns klar wird, wie wir mit Anteilnahme arbeiten können, läuft unsere Energie die ganze Zeit in produktiven Bahnen, und jeder Tag vergeht reibungslos und positiv. Anstatt uns bei der Arbeit gestreßt und ermüdet zu fühlen, werden wir mit dem guten Gefühl der Freude gestärkt. Lernen wir, uns kluge Ziele zu setzen und sie mühelos zu erreichen, wird die dauerhafte und wirklich befriedigende Freude, die wir aus der Arbeit ziehen, unsere Fähigkeit zum Wachstum in allen Lebensbereichen stärken.

Arbeit und Freude integrieren

Wirkliches Wachstum entsteht aus der Integration und Anwendung sowohl von praktischen Fähigkeiten als auch aus einer positiven Einstellung zur Arbeit und zum Leben. Wenn wir diesen integrierten Ansatz entwickeln und unsere Arbeitszeit zum Übungsfeld machen, verwandelt sich unsere Arbeit in einen dynamischen Lernprozeß. Da wir mehr darauf achten, wie wir arbeiten, verringern sich innere Frustration und Verwirrung. Wir lernen uns selbst besser kennen und sind in der Lage, negative Situationen in positive Gelegenheiten zum Wachsen umzuformen. Wir schaffen uns eine neue Welt: Zwar tauchen die Probleme des Alltags auch weiterhin auf, aber wir sehen in ihnen Wege, unsere Erfahrung zu vergrößern und zu bereichern.

Die Macht der inneren Einstellung

Wenn wir vor einer schwierigen Aufgabe stehen, setzt unser Geist dem, was wir tun können und dem, was möglich erscheint, häufig Grenzen. Ängstlichkeit und Befürchtungen hemmen unsere Bemühungen. Nehmen wir uns aber unserer Arbeit an, befreit uns unser Engagement von Begrenzungen. Wir halten uns selbst nicht mehr zurück. Dadurch, daß wir uns sorgsam der vor uns liegenden Aufgabe widmen, verwandeln wir die Situation und erreichen eine andere Dimension, einen anderen Bereich des Möglichen.

Wenn wir einfach unsere Einstellung verändern, wenn wir uns direkt und unvoreingenommen unserer Arbeit widmen, finden wir Freude darin, unsere Arbeit mit Exzellenz zu erledigen und ohne innere Hemmnisse zu arbeiten. Selbst wenn wir ermüdet sind, stellen wir fest, daß wir uns neue Energiequellen zu erschließen vermögen. Ja, wir können neue Lebenskraft finden, wenn wir unsere Energie beständig einsetzen. Wir alle haben diese reiche Energie; wir müssen nur lernen, sie richtig einzusetzen.

Engagiertheit dehnt Zeit aus

Sowie wir unsere Ziele erreichen, entdecken wir, daß uns mehr Zeit zur Verfügung steht. Wir sind auf dem laufenden, können den Strom der Zeit meistern und unsere Energie wirkungsvoll ausrichten. Tatsächlich wird Arbeit als angenehm und stärkend empfunden; wir beginnen, uns mehr zu engagieren, und dieses Engagement wird belohnt. Das Geheimnis, gut zu arbeiten, liegt darin, sich unserer Arbeit anzunehmen und uns wirklich in ihr zu engagieren. Hierin besteht auch das Geheimnis für das Gefühl von Zufriedenheit in all unserem Tun. Wenn wir engagiert sind, werden wir durch eine innere Haltung der entspannten Wachheit gestärkt und unterstützt. Die Arbeit geht uns leicht von der Hand und macht Spaß; sie wird für uns zu einer Quelle des tieferen Wissens und der Wertschätzung.

Wenn wir in unserer Arbeit positives Wachstum und gesunde Veränderungen bewirken, sind wir mächtiger als Könige: Die Fülle und Vielseitigkeit unserer Erfahrungen sind unser Königreich, unsere Feinfühligkeit gleicht einer königlichen Armee, unsere klare Bewußtheit dem Minister, unsere Liebe und Freude der Königin. Die Tiefe, die in uns ist und unsere Klarheit, unsere aufrechte Lebensführung, unsere Konzentriertheit und Ehrlichkeit sind wie der König selbst. Ohne diese gesunden Eigenschaften würden wir uns lediglich König nennen, wären aber Herrscher über ein leeres Reich. Mit ihnen sind wir unbesiegbar und können Dinge vollbringen, die Schönheit und Frieden in das Leben aller Wesen tragen. Arbeit wird zur Lebensfreude, inspirierend und voller Energie, so kostbar, daß wir achtgeben, nicht einen einzigen Moment davon zu verschwenden.

Wie wir unsere Energie verschwenden

Energie ist unser kostbarster Rohstoff, weil wir durch ihn unser schöpferisches Potential in sinnvolles Handeln umsetzen. Unser Körper und unser Geist sind die Verbindungswege für diese Energie; sie bestimmen das Wesen ihres Ausdrucks. Wenn wir alle uns vom Leben gebotenen Möglichkeiten voll ausschöpfen, arbeiten Geist, Herz und Energie in uns harmonisch zusammen und öffnen uns für den ganzen Reichtum des Daseins, die tiefe Freude der Erfahrung.

Wenn wir jung sind, haben wir unerschöpflich viel Energie. In unseren Handlungen steckt eine Lebendigkeit, die uns durch jede Aufgabe hindurchtragen kann und die uns jedes gesteckte Ziel mühelos erreichen läßt. Da uns jedoch unsere Energie so leicht zufließt, benutzen wir sie nicht unbedingt vernünftig. Wir richten sie auf unsere persönlichen Ziele und arbeiten nur dann gut, wenn uns etwas Spaß macht. Dagegen halten wir unsere Energie in den gewöhnlichen und gleichbleibenden Aspekten der Arbeit und des täglichen Lebens zurück.

Vielleicht denken wir, daß das Leben angenehmer sein wird, wenn wir harte Arbeit vermeiden. Wir möchten unsere Zeit und Energie für Dinge aufsparen, die wir lieber tun. Es kann sein, daß wir nicht verstehen, wie Erfolg durch Bemühung und Begeisterung entsteht. Indem wir der Arbeit ausweichen, lassen wir unsere Energie brachliegen und berauben uns der Möglichkeit zu wachsen. Unser Leben ähnelt einem abgestandenen Tümpel, anstatt eine freudige Grundlage unseres Handelns zu sein.

Verschwendete Zeit und Energie sind für immer verloren, ein Teil unseres Lebens weggeworfen. Wir verlieren die Lebendigkeit, die durch direkte und volle Teilnahme an allem, was wir tun, entsteht. Wenn wir glauben, wir haben alle Zeit der Welt zur Verfügung, entwickeln wir die Tendenz, uns langsam zu bewegen und vieles auf später zu verschieben. Obwohl wir uns dynamisch durch jeden Tag bewegen könnten, lassen wir uns treiben, nehmen vieles zu leicht und driften von einer Sache zur anderen. Wenn wir unsere Energie auf diese Weise gebrauchen, werden wir uns selten so tief in einer Sache engagieren, daß diese uns wirklich befriedigen könnte; unsere Motivation ist dafür zu schwach und unsere Aufmerksamkeit zu zerstreut.

Verschwenden wir unsere Zeit und Energie, fühlen wir uns leer und unerfüllt. Wir sehen uns an, was wir getan haben und finden nur wenig, da uns der Widerwille, unsere Arbeit als Ganzes anzunehmen, an der Realisierung wirklich sinnvoller Ziele hindert. Wenn wir alt werden, trauern wir vielleicht den verschwendeten Jahren nach. Wir haben unsere Energie nutzlos verausgabt und bemerken den Verlust zu spät, um noch etwas daran ändern zu können. Die Zeit nimmt uns unser Leben auf fast schon rätselhafte Weise, und wir entdecken, daß wir nur wenig greifbare Ergebnisse erzielt haben.

Den abwärtsführenden Kreislauf erkennen

Indem wir uns unsere Arbeitsgewohnheiten näher anschauen, können wir sehen, auf welch vielfältige Weise wir unsere Energie verschwenden. Wenn wir uns mit unserer Arbeit nicht alle Mühe geben, planen wir nicht gründlich und geraten mit unseren Verpflichtungen in Verzug. Wir werden ängstlich und verspannt; anstatt aber unserer Arbeit mehr Energie zuzuführen, träumen wir in den Tag hinein und erlauben unserem Geist, noch unkonzentrierter zu werden bei dem, was wir zu tun haben. Unsere Motivation, zu arbeiten, wird weiter geschwächt; wir suchen nach Ablenkungen und stören damit häufig auch noch unsere Kollegen. Wenn sich diese Verhaltensmuster fortsetzen, müssen andere härter arbeiten und unsere Arbeit mit erledigen. Der dadurch entstehende Widerwillen führt zu Konflikten; so wird noch mehr Energie verschwendet.

Wenn wir einmal diese Verhaltensmuster beobachten, stellen

wir fest, daß die Qualität der Energie, die wir in unsere Arbeit investieren, darüber entscheidet, welchen Nutzen wir aus unserer Arbeit ziehen. Zeit und Energie sind Hilfsmittel, die uns unterstützen können, jedes gewünschte Ziel zu erreichen. Wenn wir diese Hilfsmittel richtig nutzen, können wir unser Leben verwandeln. Deshalb ist es für uns wichtig herauszufinden, wie wir unsere Energie am wirkungsvollsten einsetzen und jeden Augenblick vorteilhaft nutzen können.

Übung 6: Die innere Haltung beurteilen

Sie können einen Anfang machen, indem Sie sich auf eine einfache Aufgabe konzentrieren und dabei ein Gespür dafür bekommen, wie Sie Ihre Energie einsetzen. Prüfen Sie ehrlich Ihre Motivation: Arbeiten Sie so gut, wie Sie könnten? Wie verwenden Sie Ihre Energie? Können Sie sich klar konzentrieren oder lassen Sie sich ablenken? Wenn Sie die Aufgabe beendet haben, untersuchen Sie das Ergebnis Ihrer Arbeit: Sind Sie mit dem Erreichten zufrieden? Haben Sie die Aufgabe rasch erledigt, oder hat sie mehr Zeit in Anspruch genommen als erwartet?

Eine mit vollem Einsatz erledigte Routineaufgabe wird befriedigender sein, als eine halbherzige Beteiligung an einem anspruchsvolleren Projekt. Sie werden entdecken, daß Ihre innere Einstellung zur Arbeit von großer Bedeutung ist. Während es Ihnen zunehmend gelingt, einfache Tätigkeiten gut zu erledigen, können Sie Ihre Fähigkeit zu Planung und sinnvoller Zielvorgabe verbessern und auch mehr komplexe Aufgaben mühelos bewältigen.

Wie Arbeit zur Inspiration werden kann

Wenn wir lernen, unsere Energie klug und vernünftig einzusetzen, entwickelt sich daraus natürlicherweise Geduld und Ausdauer. Wir sind in unseren Bemühungen ausdauernd, nicht zwanghaft, sondern vergnügt und voller echter Freude. Jede Erfahrung nährt uns. Unsere Bewußtheit und Klarheit werden umfassender, und da unsere innere Stärke zunimmt, können wir mehr tun, als wir jemals für möglich hielten. Jeder Tag wird für uns zu einer Bühne, auf der wir das lebendige innere Spiel unserer schöpferischen Energie aufführen. Unser Leben wird frisch, neu, aufregend; unsere Arbeit inspiriert sich selbst und offenbart immer neue Möglichkeiten. Wir entdecken die natürliche Kreativität und Intelligenz unseres inneren Seins, ausgedrückt in den aktiven Eigenschaften von Zeit, von Wandel und von Wachstum.

Unsere Arbeitsweise repräsentiert unser Bewußtsein – durch sie manifestieren wir unser inneres Sein. Arbeiten wir mit all unserer Energie, so gibt uns diese lebendige Übung von Geist und Körper Stärke, und alles, was wir tun, steigert unsere innere Bewußtheit. Wir beginnen, einem gesunden Lebensweg zu folgen und bringen Lebendigkeit in all unser Handeln. Wir berühren Ebenen der Selbsterkenntnis, die uns unterstützen können. Da unsere Energie auf lohnende Aufgaben ausgerichtet ist, wird unser Leben zu einer Zeit der Erfüllung, nicht des Bedauerns. Wenn wir uns wirklich um uns selbst kümmern und unserer Arbeit mit all unserer Energie und Entschlossenheit nachgehen, wird alles, was wir tun, stets Freude und Bedeutung enthalten.

Entspannung

Wenn Sie einen Kiesel in einen dahineilenden Strom werfen, werden Sie das Wasser nur kurz aufspritzen sehen. Was geschah, als der Kiesel das Wasser berührte? Es ist kaum auszumachen. Ist das Wasser hingegen ruhig und still, können wir die fließende Bewegung sich ausbreitender Wellen erkennen.

Sind wir entspannt, ruhig und offen wie ein Teich auf einer Lichtung, tritt die Beschaffenheit unseres inneren Wesens deutlich hervor. Wir nehmen uns selbst wie auch unsere Interaktion mit allem, was um uns herum geschieht, scharf und unmittelbar wahr. Unsere Energie ist gebündelt; wir sind in der Lage klar zu denken und können unsere Gedanken wirksam planen und organisieren. Wir sind selbstsicher: Wir wissen, was wir erreichen wollen, welche Hindernisse uns im Weg stehen und wie wir sie beseitigen können. Wir arbeiten mühelos, bewegen uns fließend in Einklang mit unserer Arbeit, anstatt uns gegen ihre Anforderungen zu sperren; wir tun einfach, was notwendig ist.

Unsere Arbeit nimmt eine lebendige Struktur an, voller Herausforderung und Erfüllung, und die Ergebnisse unserer Handlungen spiegeln die entspannte Qualität wider, die wir in sie hineinbringen. Wir können die in unserer Arbeit verfügbare Freude fühlen und wirklich wertschätzen, und wir lassen zu, daß der volle Geschmack des Lebens all unser Tun bereichert.

Alltagsbelastung und Streß erschweren es uns jedoch, Entspannung und Offenheit zu bewahren, die es uns ermöglicht, unser inneres Wesen zum Ausdruck zu bringen. Wenn wir nervös und verspannt werden, trüben sich unsere Wahrnehmungen, so daß wir nicht mehr klar erkennen können, was zu tun ist. Wir werden zerstreut und unproduktiv, was uns wiederum noch müder und verspannter macht. Besorgnis und Anspannung treten an die Stelle von sinnvollem Handeln und laugen einfach unsere Energie aus. Wir machen uns über unsere Arbeit Sorgen, anstatt uns direkt mit ihr zu befassen. Unsere Sorgen nehmen uns so viel Energie, daß wir nicht mehr in der Lage sind, offen auf die Anforderungen jeder neuen Situation zu reagieren. Unser Geist engt unseren Körper in Mustern physischer Verspannungen ein, die es noch schwieriger machen, erfolgreich und mit Vergnügen zu arbeiten. Wenn Besorgnis Spaß an der Arbeit ersetzt, bleibt uns wenig Raum, um Freude im Leben zu finden, und wir haben anderen nur wenig zu geben.

Übung 7: Verspannung auflösen

Wir können lernen, unseren Geist und Körper zu beruhigen, indem wir die Verspannungen lösen, die den natürlichen Energiefluß hemmen. Körperliche Manifestationen von Verspannung sind am leichtesten auszumachen und zu behandeln: verhärtete Gesichtsmuskeln, häufig wiederkehrende Kopfschmerzen oder einfach grundlose Ermüdung. Indem wir die Verspannungen in unserem Körper auflösen, können wir auch unsere geistige Anspannung loslassen. Dies hilft uns klar zu denken und mit jeder Situation effektiv umzugehen. So lernen wir, unsere Energie zu steigern und sie in konstruktive Richtungen zu lenken.

Wenn Sie sich beim Arbeiten verspannt oder ermüdet fühlen, setzen Sie sich für zehn bis fünfzehn Minuten an einem ruhigen Ort nieder, wo Sie ungestört sind, und schließen Sie die Augen. Öffnen Sie den Mund ein wenig und beginnen Sie, sehr langsam und sanft zu atmen. Lassen Sie Ihr Atmen ruhig und still werden und richten Sie Ihre Aufmerksamkeit sanft auf die Empfindungen in Ihrem Körper. Denken Sie nicht über Ihre Arbeit nach oder über die Menschen, mit denen Sie zusammenarbeiten; entspannen Sie einfach Ihren Körper und fühlen sich in seine Empfindungen hinein. Stoßen Sie auf eine verspannte Stelle, vielleicht auf der Stirn oder der Rückseite der Schultern, lassen Sie Ihren ruhigen Atemfluß diese lindern und besänftigen, bis Sie ein tiefes, nährendes Gefühl der Entspannung spüren.

Wenn Sie sich wieder Ihrer Arbeit zuwenden, fangen Sie langsam und behutsam an, während Sie sanft atmen und weiterhin mit Ihren Empfindungen in Kontakt bleiben. Entwickeln Sie eine Qualität von leichter Konzentration. Verschmelzen Sie Ihre Gedanken und Empfindungen miteinander, so daß Geist und Körper in einer ausgeglichenen Weise gut zusammenarbeiten. Wenn Sie sprechen, bleiben Sie mit der Bedeutung und dem Gefühlston eines jeden Wortes in Berührung und lassen Sie Ihre Stimme weich und sanft sein. Nutzen Sie während des Tages Ihr sanftes und gleichmäßiges Atmen, um die Qualität der Leichtigkeit und Ausgeglichenheit aufrechtzuerhalten. *

Energie befreien

Wir finden in allem, was wir tun, Freude, wenn wir lernen, unsere Arbeit mit mehr Leichtigkeit anzugehen, anstatt sie als Pflicht zu betrachten. Arbeit ist gar nicht so furchtbar ernst – sie ist lediglich ein weiterer Teil unseres Lebens. Wenn wir entspannt und wach sind, befreien wir unsere Energie, so daß sie für uns in einer kreativen und positiven Weise arbeitet, die sowohl anderen als auch uns selbst zugute kommt.

Wenn wir durch unsere Probleme ohne Anspannung oder Besorgnis hindurchgehen, werden sowohl unsere Motivation als auch unsere Ausdauer zunehmen, ebenso wie unsere Fähigkeit, für jede Schwierigkeit, die auftreten könnte, eine Lösung zu finden. Wir erkennen, daß wir die *innere Kunst der Arbeit* entdeckt haben, mit der wir verwirklichen können, was immer wir uns vorgenommen haben. Sowohl Arbeit als auch Freizeit nehmen eine sanft fließende und freudige Qualität an. Wir erweitern den Umfang unseres Verständnisses und vertiefen unsere Fähigkeit, das Leben zu genießen, von ihm unterstützt zu werden und wirkliche Befriedigung aus ihm zu ziehen. Alles was wir tun, gibt uns natürliche Stärkung und erweckt dauerhafte und stetige Wertschätzung.

* Weitere Entspannungsübungen können Sie in: Tarthang Tulku, Selbstheilung durch Entspannung, München 1980, finden.

Die innere Würde von Entspannung

Entspannung bringt Lebendigkeit und Freude in all unsere Handlungen, regt unsere Intelligenz an und lädt unseren gesamten Körper mit Energie auf. Unsere Sinne entwickeln eine durchdringende Bewußtheit und reagieren mit Klarheit und Wertschätzung auf jeden Klang, jeden Anblick, und jeden Duft. Unsere Bewegungen und Gedanken bekommen eine Würde, die den Reichtum unseres Seins zum Ausdruck bringt. Wenn wir in Harmonie mit unseren Mitmenschen arbeiten und leben und mit der Arbeit selbst in Harmonie sind, regen wir andere an, in ihrem Leben dieselbe Art der Entspannung zu finden. Wir bekommen einen Blick für das Gute, das allen Menschen gemein ist, und unser Handeln trägt dazu bei, das volle Potential in jedem Menschen zu entwickeln, um Gesundheit und Qualität allen Lebens zu erhöhen.

Wertschätzung

Wertschätzung entsteht durch den unmittelbaren Kontakt mit der Erfahrung, wenn wir die Schönheit des Lebens und die wirklichen Eigenschaften der menschlichen Natur klar erkennen. Sie geht viel tiefer als einfaches Vergnügen oder Dankbarkeit, denn wirkliche Wertschätzung inspiriert unser gesamtes Wesen dazu, auf die Fülle und den Sinn des Lebens zu reagieren. Wenn wir wirklich wertschätzen, öffnet sich unser Herz für die Schönheit und die Freude jeder Erfahrung.

Der Schlüssel zu Vorzüglichkeit

Geist und Herz gedeihen durch die Nahrung und Befriedigung, die uns Wertschätzung gibt. Sie antworten machtvoll und klar, und unser Leben wird mit Liebe und tiefem Verstehen erhellt. Diese Eigenschaften kommen in all unserem Tun zum Ausdruck; sie lassen unsere Arbeit hervorragend werden und bringen Wärme und Erfülltheit in unsere Beziehungen.

Wir alle wollen das Beste vom Leben. Wir wollen glücklich und gesund sein, unsere Arbeit wirklich gerne tun und sie würdigen. Obwohl wir nach diesen Dingen streben, sind wir am Ende häufig unzufrieden. Wir mögen ein schönes Zuhause, eine Familie und Freunde, kurz gesagt, ein ›gutes‹ Leben haben. Wenn wir allerdings unsere Arbeit nicht wertschätzen, verbringen wir nahezu die Hälfte unseres Lebens – einen guten Teil eines jeden Tages – damit, etwas zu tun, an dem uns nicht wirklich etwas liegt, das wir eigentlich gar nicht tun wollen. Es kann sein, daß wir einen großen Teil unseres Lebens mit Gefühlen der Frustration und Unerfülltheit verbringen, daß wir niemals zu wirklicher Freude am Leben erwachen. Möglicherweise fangen wir an, unsere Chancen zu wirklicher Befriedigung auf eine unbestimmte Zeit in der Zukunft zu vertagen. Vielleicht werden wir belohnt, wenn wir unsere Ziele erreicht haben oder gar erst nach dem Tod. Der Tod wird aber unser Leben einfordern, das Leben wird zu Ende gehen – werden wir mehr als einen Augenblick wirklicher Wertschätzung erfahren haben? Wird da ein Gefühl völliger Zufriedenheit sein mit dem Leben, das zu Ende gegangen ist?

Das Beste verlangen

Wir müssen die Frustration und Unzufriedenheit, die wir in unserer Arbeit empfinden, nicht hinnehmen. Wir können jeden Augenblick unseres Lebens genießen und verlangen, daß jede Erfahrung reich und erfüllend sei. Ändern wir unsere Einstellung und entdecken die in jeder Erfahrung enthaltene Schönheit, wird die Arbeit befriedigend und sinnvoll; das Leben ist voller Freude. Das ist keine hypothetische Möglichkeit, sondern ein grundlegendes Element eines gesunden Lebens. Wir alle können lernen, unsere Erfahrung zu würdigen, zu akzeptieren und in unserem Körper, unserem Geist und unseren Sinnen zu fühlen.

Wenn wir glauben, daß Zufriedenheit nur mit dem Erreichen unserer Ziele entsteht, wenn es uns nicht gelingt, jeden Tag mit Begeisterung und Freude zu arbeiten, schneiden wir uns selbst von der wirklichen Freude am Leben ab. Wir brauchen einen lebendigen Zugang zur Arbeit, der uns die Stärke und Klarheit gibt, die uns unterstützen, wenn Schwierigkeiten im Alltag entstehen.

Schöne Träume

Bedenken Sie, was geschieht, wenn wir nur an unser Ziel denken. Wir mögen eine wunderbare Idee haben; wir träumen von einem Haus auf dem Lande und beschließen, es zu bauen. Wir nehmen das Projekt mit Begeisterung in Angriff. Es läuft soweit ganz gut, bis eines Tages ein ernsthaftes Problem auftaucht. Vielleicht kostet das Haus etliche tausend Mark mehr als wir geplant haben, oder wir machen einen ernsthaften Fehler in der Konstruktion des Hauses, und müssen vieles von dem, was wir errichtet haben, wieder einreißen.

An diesem Punkt lassen wir uns vielleicht entmutigen. Die Energie aus den Phantasien über das fertiggestellte Haus ist verflogen, aber wir bauen weiter und verwickeln uns immer tiefer in das Projekt. Entstehen dann jedoch mehr von den üblichen Schwierigkeiten, sehen wir unsere Träume zerrinnen. Der Hausbau ist enttäuschend: Er dauert zu lange und ist viel schwieriger, als wir gedacht hatten. Möglicherweise kämpfen wir noch eine Weile, aber da immer neue Schwierigkeiten auftauchen, entscheiden wir uns allmählich aufzugeben und verkaufen das unvollendete ›Traumhaus‹. Wir wenden uns etwas Neuem zu.

Das kann uns bei jedem Vorhaben passieren, wenn wir die tägliche Freude an der Arbeit gegen schöne Träume über unser Ziel eintauschen. Es ist noch entmutigender, wenn wir entdecken, daß unsere Träume vom Ziel weitaus schöner sind als die Wirklichkeit. Erreichen wir unser Ziel, erscheint es uns häufig nur wie ein schwacher Schimmer, wie ein Moment von gesteigertem Lebensgefühl. Trotzdem sind wir bereit, Monate, ja sogar Jahre der Anspannung, des Unglücklichseins und der Besorgnis gegen diese wenigen Augenblicke vorübergehenden Glücks einzutauschen. Wir verkaufen unser Leben für unsere Träume, ganz gleich, ob diese den Preis wert sind oder nicht.

Wie der Bauherr geben wir manchmal auf, wenn die Probleme uns überwältigen. Selbst wenn wir weitermachen, fügen wir uns in die Schwierigkeiten, die scheinbar zur Erreichung unseres Zieles dazugehören. Von Zeit zu Zeit mögen wir uns auf unserem Weg über eine bestimmte Leistung freuen, aber unsere Freude ist gewöhnlich nicht von großer Dauer. Bald entsteht ein weiterer Konflikt und das Muster setzt sich fort: Es scheint uns, daß wir unsere persönliche Freude opfern müssen, um ein Ziel zu erreichen.

Haben wir die Gewohnheit erworben, Projekte auf diese Weise anzugehen, stellen wir fest, daß selbst die Freude über wirklich bedeutende Leistungen durch Schwierigkeiten überschattet wird, die uns auf dem Weg begegnen. Wir haben in Wahrheit das Gespür für den Genuß der Zeit und der Anstrengung verloren, die wir verwenden, unsere Ziele zu erreichen.

Das Geheimnis der Freude

Wie können wir das Geheimnis wiederentdecken, jede Erfahrung zu genießen und die Einzelheiten all unserer Unternehmungen wertzuschätzen? Dieses Geheimnis liegt in uns; wir können es uns selbst lehren. Wir wissen bereits, wie wir Freude erfahren können; wir müssen diese Freude nur in alle unsere Tätigkeiten einbringen.

Wenn wir uns freuen, sind wir produktiv und kreativ. Das Leben ist voller Möglichkeiten, und die freudige Erregung unserer Träume läßt sich auf jeden Augenblick ausweiten. Geben wir beim Arbeiten unser Bestes, können wir jede Einzelheit unserer Arbeit genauso schätzen wie ihre Vollendung. Warum wählen wir dann Verdruß und Enttäuschung, wenn wir uns stattdessen entscheiden könnten, unser Leben durch Wertschätzung reich und vielfältig zu gestalten?

Wenn wir innehalten und uns genau anschauen, wie wir arbeiten, und besonders, wie wir uns davon abhalten, uns an der Arbeit zu erfreuen, können wir lernen, mit allen Gedanken und mit jeder Handlung zu wachsen. Wir können uns entschließen, unsere Antwort zu ändern und den möglichen Nutzen aus jeder Situation zu suchen. Auf diese Weise vermögen wir uns einen positiven Zugang zum Leben zu schaffen und diesen zu stärken. Warum das Glück nur in der Zukunft suchen, sich für die Verwirklichung ferner Ziele aufopfern und kämpfen, wenn wir lernen können, jeden Augenblick unseres Lebens tief zu genießen?

Wir können in unserer Arbeit sogar noch mehr Freude finden als in unseren Freizeitaktivitäten. Wenn wir uns unseren Aufgaben nähern, wissend, daß sie uns Befriedigung geben, werden wir sie wahrscheinlich gut ausführen. In diesem Geist der Freude nehmen wir uns von selbst die Zeit, sorgfältig zu planen und jede möglicherweise auftretende Schwierigkeit vorauszusehen. Dann geraten wir nicht mehr aus dem Gleichgewicht, wenn Probleme auftreten; wir sind darauf vorbereitet, sie anzunehmen und uns ihrer Herausforderung zu stellen.

Wertschätzung entwickelt Zuversicht und Stärke

Wenn wir die Gegenwart sinnvoll nutzen und dabei aus allem was wir tun Freude schöpfen, stärken wir auch unsere Fähigkeit, in der Zukunft glücklich zu sein. Wir würdigen die Schönheit eines jeden Augenblickes; dies hilft uns den Wert aller Aspekte des Daseins zu erkennen. Dieses Erkennen fügt unseren Einsichten eine tiefere Dimension hinzu und ermöglicht Entscheidungen und Handlungen, die so inspirierend sind wie unsere Ziele. Wertschätzung zeigt uns, wie wir von unseren Talenten guten Gebrauch machen können, um die Lebensqualität auf dauerhafte und sinnvolle Weise zu verbessern. Sie kann daher unser größter Lehrer sein.

Lernen wir, alles zu schätzen, was das Leben zu bieten hat, und erkennen unsere positiven Eigenschaften, wird jeder Augenblick wesentlich und lebendig. Körper, Geist, Sinne und Energie werden in jeder Situation Begeisterung und Fröhlichkeit ausstrahlen. Wenn wir so leben, ist jede Handlung wie ein besänftigender Nektar; wir sind wach und bringen für jede Interaktion und jede Beziehung, die wir eingehen, tiefe Würdigung auf. Wir können jede Situation annehmen und bewältigen im Vertrauen auf unsere Fähigkeiten und Stärke. Auf diese Weise zu leben, erfüllt jeden Augenblick mit Schönheit und Freude. Wir verpassen keine Gelegenheit, Vergnügen und Erfüllung zu finden; die Qualität jeder Erfahrung wird vertieft und transformiert.

Konzentration

Konzentration ist wie ein Diamant; eine strahlende Sammlung unserer Energie, Intelligenz und Empfindsamkeit. Wenn wir uns ganz konzentrieren, leuchtet das Licht unserer Fähigkeiten in vielen Farben und durchdringt alles, was wir tun. Unsere Energie wird schwungvoll und klar, jede Tätigkeit lässt sich schnell und mühelos ausführen und wir reagieren mit Freude und Begeisterung auf die Herausforderungen, die die Arbeit uns bietet.

Indem wir unsere Konzentrationsfähigkeit entwickeln, entdecken wir eine lebendige Qualität, die unsere Bewußtheit schärft und uns alle Erfahrung mehr wertschätzen läßt. Aber es ist nicht immer leicht, diese Konzentration herzustellen. Der Geist tendiert dazu, seinen im allgemeinen ungerichteten Neigungen zu folgen, und wir werden schnell von der vor uns liegenden Arbeit abgelenkt. Das bedeutet, daß unsere Energie zerstreut wird und sich in viele Richtungen verteilt, anstatt ganz auf unsere Arbeit gerichtet zu sein. Wir beginnen die vielen während des Tages entstehenden Ablenkungen willkommen zu heißen, besonders dann, wenn wir gerade etwas tun, das wir nicht mögen.

Wenn wir den Einflüssen nachgeben, die unsere Aufmerksamkeit von unserer Tätigkeit abziehen, spiegelt sich unser Mangel an Konzentration in der Qualität unserer Ergebnisse wider; je weniger gesammelt wir sind, desto mehr Fehler machen wir und desto länger dauert es, etwas zu beenden. Schließlich sind wir frustriert, da wir so wenig erreicht haben, und diese Frustration wird zu einer weiteren Ablenkung. Es wird immer schwieriger, unsere Motivation aufrechtzuerhalten, und es kann sein, daß wir aufhören, uns zu bemühen, lange bevor wir unsere Ziele erreicht haben.

Während unsere Zeit dahinschwindet und unsere Aufgaben unerledigt bleiben, wundern wir uns, warum wir im Verhältnis zu unseren Anstrengungen so wenig vorweisen können.

Kreative Konzentration

Wenn wir lernen unsere Energie zu sammeln, lernen wir uns zu konzentrieren. Wir können dies tun, indem wir uns zur Aufmerksamkeit zwingen, aber wenn wir versuchen, unseren Willen durchzusetzen, läuft dies meist auf einem Kampf mit uns selbst hinaus. Das Gefühl, daß wir uns konzentrieren müssen, um unsere Arbeit zu tun, macht uns nervös und gereizt; unsere Besorgnis verursacht Verwirrung, und wir können uns tatsächlich davon abhalten, uns gut zu konzentrieren.

Obwohl Konzentration ein Sammeln unserer Energie beinhaltet, engt sie doch unseren Geist keineswegs ein; sie ist ein Mittel, sich der Arbeit, der Erfahrung, dem Leben zu öffnen. Daher kann der Prozeß, Konzentration zu erlernen, weitaus effektiver sein, wenn wir uns ermutigen, anstatt mit uns zu kämpfen, wenn wir sanft, aber bestimmt unseren Geist in unsere Arbeit hineinführen. Anstatt in unserer Arbeit einen Feind zu sehen, den wir überwinden müssen, nehmen wir die vielen sich uns bietenden Herausforderungen an. Wenn wir das tun, können wir unsere Energie in einer leichten und freudigen Weise sammeln, und es ist viel einfacher, bei einer Aufgabe zu bleiben, bis wir unser Ziel erreicht haben. So können wir sogar Arbeiten schätzen lernen, die wir nicht gerne tun.

Übung 8: Sich vollständig sammeln

Um diese leichte Konzentration in Ihrer Arbeit zu entwickeln, beginnen Sie sich zu entspannen; und konzentrieren sich auf eine Sache nach der anderen. Wenn Sie mit der Arbeit beginnen, sitzen Sie zuerst einige Minuten ruhig da und atmen langsam und sanft. Seien Sie sich Ihres Atems bewußt, achten Sie darauf, wie er in den Körper hinein- und wieder herausströmt. Sinken Sie sanft in Ihre Empfindungen hinein und lassen Sie diese sich ausdehnen. Dabei legen Sie ein Fundament für Ihre Energie und beruhigen

Ihren Geist. Sie können dann Ihre Arbeit erfrischt und wacher beginnen.

Lassen Sie Ihre Gedanken gleichmäßig und ohne Eile fließen. Machen Sie sich ein umfassendes Bild von Ihrer Arbeit, setzen Sie Ihre Prioritäten und überlegen Sie, was Sie während des Tages erreichen wollen. Richten Sie dann Ihren Geist sanft auf eine einzelne Aufgabe; beginnen Sie mit etwas Routinemäßigem und machen Sie einen Plan für dessen Durchführung. Setzen Sie sich selbst ein bestimmtes Ziel und eine Zeit, in der Sie es erreichen wollen. Dann folgen Sie der Aufgabe Schritt für Schritt und bleiben dabei, bis sie beendet ist. Ignorieren Sie Ablenkungen und konzentrieren Sie sich leicht, aber vollständig auf jede Einzelheit Ihrer Arbeit. Wenn unwesentliche Gedanken Ihren Geist gefangennehmen, lassen Sie sie los.

Während Sie arbeiten, achten Sie auf die Qualität Ihrer Energie; stellen Sie fest, ob Sie von dem, was Sie tun, ganz in Anspruch genommen sind, oder ob Sie nur partiell beteiligt sind, während Ihr Geist zu anderen Dingen irrt. Wenn Ihr Geist wandert, bringen Sie ihn sanft zurück zu Ihrer Arbeit. Wenn Sie Ihre Aufgabe beendet haben, überprüfen Sie, ob Sie das, was Sie sich vorgenommen haben, erreicht haben und achten auf die Qualität der Konzentration, die Sie in Ihre Arbeit eingebracht haben. Arbeiten Sie auf diese Weise, dann stellen Sie möglicherweise fest, daß Konzentration wie von selbst fließt, wenn einmal der Anfang gemacht worden ist, und daß selbst die gewöhnlichste Arbeit interessant und anregend wird.

Sind Sie mit dieser Methode vertraut, wenden Sie sie auf zunehmend vielschichtige Tätigkeiten an. Schon bald werden Sie gegenüber den Erfordernissen Ihrer Arbeit aufmerksamer werden und Ihre Energie bewußter einsetzen können. Ihre Gedanken werden organisierter und Ihre Energie beständiger, und Sie werden für Ihre Handlungen eine logische Abfolge entwickeln, der Sie in jeder Tätigkeit folgen können. Während Sie sorgfältige Planung und Ausdauer beim Erreichen Ihrer Ziele zur Meisterschaft entwickeln, werden Sie gleichzeitig feststellen, daß Ihre Fähigkeit, sich zu konzentrieren, stärker wird. Wenn Sie sehen, was Sie erreicht haben, wird Ihre Begeisterung geweckt, und Sie werden motiviert, Ihre Bewußtheit und Geschicklichkeit noch zu steigern.

Konzentration vertieft Vertrauen

Wenn wir wissen, wie wir uns konzentrieren können, haben wir Vertrauen in unsere Fähigkeit, jede Aufgabe zu bewältigen. Wir nehmen Herausforderungen an und erfüllen bereitwillig jede Verpflichtung, die wir eingegangen sind. Weil wir nicht länger nach Ablenkungen Ausschau halten oder notwendige Arbeit zu vermeiden suchen, fließt die Arbeit ungehindert und wird durch die Stärke unserer ungeteilten Aufmerksamkeit bereichert. Der Sinn unseres Tuns wird klar. Lernen wir, gut zu arbeiten, tritt Vertrauen an die Stelle von Verwirrung und Besorgnis. Unsere Energie wird befreit und kann der Kreativität, Freude und Erfüllung gewidmet werden. Wir stellen fest, daß kein Hindernis uns jemals vom Erreichen unserer Ziele abhalten kann.

Wenn sich unsere Konzentration vertieft, sind unsere Gedanken organisierter, unsere Energie beständiger, und wir sehen, daß zunehmende Bewußtheit uns all unser Tun umfassender erfahren läßt. Konzentration wird zu einem Teil von uns, jederzeit und überall. Ein Spaziergang im Wald kann zu einer wahrhaft erfrischenden und freudigen Erfahrung werden, wenn wir uns auf die Einzelheiten konzentrieren – den Geruch der Erde, das Spiel des Sonnenlichts auf einem Blatt, eine Brise, die durch unser Haar streicht. Das ganze Leben nimmt eine Tiefe und Klarheit an; wir vertiefen den Bereich unserer Erfahrung und wir lernen, jeden Augenblick wirklich anzunehmen und zu schätzen.

Vergrößern sich unsere Bewußtheit, Effektivität und Fähigkeit zur Wertschätzung, dann profitieren davon auch unsere Mitmenschen. Wenn die Ergebnisse unserer Bemühungen andere glücklich machen, wenn wir die heilsamen Veränderungen, die wir durchlaufen, mit anderen teilen, ist dies das erfolgreichste Ziel, das wir erreichen können. Bekommen wir mehr Vertrauen in unsere Fähigkeit, anderen auf diese Weise zu helfen, können sich unsere Ziele erweitern, um alle Menschen und schließlich alles Leben mit einzubeziehen.

Zeit

Zeit kann zu unserem Freund und Helfer werden, denn sie ist die Inspiration alles Existierenden. Zeit läßt Dinge geschehen; sie ist der Fluß der Ereignisse, in ihr entfaltet sich Erfahrung. Zeit schenkt uns die kostbare Gelegenheit zu leben, uns zu entwickeln, zu wachsen und unser inneres Wesen zu schätzen. Obwohl unsere Zeit schließlich abläuft, das Leben zu Ende geht und Gelegenheiten vergangen sind, ist es dennoch Zeit, die es ermöglicht hat, daß unser Leben sich entfaltet.

Vergeudete Augenblicke gleichen verlorenem Leben

Es ist möglich, daß wir durch unser ganzes Leben gehen ohne jemals die wahre Natur von Zeit zu verstehen. Weil wir nicht wirklich über den Wert von Zeit nachdenken, werfen wir die kostbaren Augenblicke unseres Lebens unwissentlich weg. Weil wir denken: »Es gibt genug Zeit«, verschieben wir Dinge in die Zukunft oder geben unsere Zeit vielleicht anderen in der Form von leerem Gerede oder nutzlosem Zeitvertreib. Wir würden niemals unser Geld so beiläufig verleihen, besonders wenn wir wüßten, daß wir es nie wieder zurückbekommen. Aber wir glauben, daß wir Zeit im Überfluß haben.

Die Angewohnheit, Zeit zu verschwenden, wird von Eltern an ihre Kinder, von Lehrern an ihre Schüler, und von einem Freund zum anderen weitergegeben. Man hat uns nicht gelehrt, die wirklichen Eigenschaften von Zeit zu achten oder Zeit wirkungsvoll zu nutzen. Wir lassen unsere Zeit verrinnen; unsere Gedanken wandern ziellos umher und es mangelt uns an einem klaren Gefühl für Richtung und Ziel. Wir finden es schwierig, in diesem geistigen Zustand sehr viel zu erreichen, und als Ergebnis ist unser persönliches Wachstum langsam und unstet. Unsere Erinnerung ist verschwommen, wenn wir uns an das, was wir getan haben, zu erinnern versuchen. Es scheint, als ob wir etwas getan haben, aber es ist schwierig, bestimmte Ergebnisse auszumachen. Dieses getrübte Bewußtsein ist so subtil, daß unser ganzes Leben vorbeigehen mag; das Ende unseres Lebens nähert sich, unsere Zeit ist vorbei ... und wir wissen nicht, wo sie geblieben ist.

Das dumpfe Gefühl, daß die Zeit an uns vorbeizieht, kann sehr erschreckend sein. Unser Leben nimmt eine gehetzte Qualität an; wir werden von Zeit beherrscht, beugen uns ihrem Druck und hasten, um unseren Terminen nachzukommen. Wir beeilen uns, eine Sache zu beenden und stürzen uns in ein anderes Projekt, bevor das erste abgeschlossen ist. Dabei bewegen wir uns so schnell, daß es wenig Zeit für wirkliches Vergnügen gibt, und auch wenig Zeit, unser Gefühl für Wert und Sinn im Leben zu vertiefen. Auch wenn wir vielleicht viele Stunden am Tag arbeiten: Wenn wir nicht im Einklang mit dem Fluß der Zeit arbeiten, stellen wir fest, daß wir wenig getan haben, was wirklich befriedigend ist.

Wenn wir unsere Zeit verschwenden, ist es so, als ob wir eine Perle nach der anderen von einer prächtig schimmernden Kette abziehen und sie wegwerfen. Aber wenn wir Zeit gut nutzen, fügt jede Minute ein weiteres Juwel hinzu, das die Schönheit unseres Lebens steigert. Da Zeit unser Leben ist, ist sie sehr wertvoll, und wir müssen lernen, sie zu schätzen. Keine Zeit kann je wiederholt werden; keine Erfahrung kann wieder erschaffen werden. Jeder Augenblick ist einmalig, ein Geschenk, das wir pflegen und gut nutzen sollten. Das Leben ist unbezahlbar. Vergeuden wir es, indem wir unsere Zeit vergeuden, verlieren wir den außergewöhnlichen Wert unserer Gelegenheit.

Entwurf für ein neues Leben

Wenn wir verstehen, daß Zeit unser Leben ist, können wir beginnen, unseren Gebrauch von Zeit genauer zu beobachten, und lernen, sie klug zu nutzen. Indem wir sorgfältig auf jeden Augenblick und auf jede Einzelheit dieses Augenblicks achten, können wir lernen, diese unzähligen Augenblicke zu nutzen, um unsere

Ziele zu verwirklichen und ein reiches Gefühl von Erfüllung in unser Leben bringen.

Wenn wir lernen wollen, Zeit gut zu gebrauchen, stellen wir fest, daß dies der Organisation bedarf. Wir müssen sorgfältig Schritt für Schritt vorgehen und jeden Augenblick ganz nutzen und wertschätzen, bevor wir zum nächsten weitergehen. Ein Zimmermann baut ein Haus nicht, indem er Wände und ein Dach zusammenklopft und hier und da Fenster hineinbaut. Er macht einen Entwurf und fährt sorgfältig mit jeder Einzelheit fort, indem er vom Fundament aufwärts baut, Nagel für Nagel, Brett für Brett, Stein für Stein. Der Prozeß, in dem wir lernen, Zeit gut zu nutzen ist vergleichbar. Jede Minute ist ein wichtiger Bestandteil der Aufgabe, mit der man gerade beschäftigt ist und muß gut durchdacht sein und in den Gesamtplan eingefügt werden.

Einen Zimmermann, der mit den Details seiner Arbeit sorglos umgeht, indem er gute Nägel wegwirft, hier und da eine Strebe ausläßt, Türen anfertigt, die klemmen, und Böden, die schwanken und knarren, würde man einen Betrüger nennen. Aber wenn wir unsere Zeit verschwenden und sie verrinnen lassen, sind wir schlechter dran als der Zimmermann. Nicht nur leidet unsere Arbeit, sondern wir sind weniger als wir sein könnten: wir betrügen uns selbst. Das Leben ist viel zu schön, als es durch Mangel an Interesse zu vergeuden.

Übung 9: Zeit ausdehnen

Um ein Gefühl dafür zu bekommen, wie Sie Ihre Zeit nutzen, blicken Sie sorgfältig auf den letzten Monat zurück. Beobachten Sie, wieviel Zeit Sie zur Verfügung hatten, und entwickeln Sie ein Bewußtsein für den Wert jedes Augenblicks. Dann schauen Sie, wie Sie jede Woche genutzt haben, jeden Tag, jede Stunde. Wenn Sie nicht für all Ihre Zeit Rechenschaft ablegen können, ermutigen Sie sich, mehr Bewußtsein dafür zu entwickeln, was mit Ihrer Zeit geschieht.

Wenn Sie lernen, Ihre Zeit sorgfältig zu messen, scheint Zeit selbst sich auszudehnen. Sie sind in der Lage, schneller zu arbeiten, aber die Schnelligkeit verliert ihre gehetzte und hektische

Qualität, und Ihr Tempo wird ruhig und ausgeglichen. Die Arbeit schreitet schnell voran, weil sie gut organisiert ist, und jeder verfügbare Augenblick wird optimal genutzt. Weil Sie wissen, was Sie erreichen wollen, können Sie die Ergebnisse Ihrer Arbeit besser vorhersagen und haben mehr Vertrauen in Ihre Fähigkeit, etwas zu erreichen.

Wenn man uns von Kind auf lehren würde, Zeit gut zu nutzen, könnte so viel erreicht werden! Erfolg und Leistung würden nicht so scheinbar zufällig auftreten, als ob sie von Glück oder der Gunst des Zufalls abhingen, sondern wären für jedermann erreichbar. Gestatten wir der Dimension Zeit, unsere Tätigkeiten zu transformieren, sind die Möglichkeiten für Wachstum und reiche Erfahrung unbegrenzt. 'Eine gute Zeit' haben ist ein gängiger Ausdruck, aber wir verfehlen oft seine wahre Bedeutung: gut arbeiten, innerlich wachsen und bleibende Zufriedenheit in unserem Leben finden.

Sobald wir den Umgang mit Zeit meistern, können wir unsere Arbeit genießen und sie gut erledigen und haben dann mehr Freude an anderen Aktivitäten. Unser gestärktes Bewußtsein von Zeit regt Wertschätzung an für alles, was um uns herum geschieht. Unsere Energie nimmt zu, und wir können diese Energie mit anderen teilen, indem wir ihnen helfen, zu lernen und zu wachsen. Wir entwickeln ein Gefühl dafür, nützlich zu sein und zum Wohlergehen anderer beizutragen; dies macht unsere Arbeit und unser Leben noch reicher. Wenn wir den Wert von Zeit schätzen können und unser Leben klar zu strukturieren vermögen, erschließen wir die tiefsten Quellen des menschlichen Potentials.

Mit Leib und Seele arbeiten

Wir alle haben Zeiten erlebt, in denen wir so in unsere Tätigkeit vertieft waren, daß nur dieses zählte. Belanglose Gedanken, kleine Ablenkungen und geringfügige Störungen blieben unbeachtet. Wir waren ganz von jedem einzelnen Schritt unserer Arbeit in Anspruch genommen, und wir widmeten unsere Konzentration dem Prozeß der Verwirklichung. Zu diesen Zeiten waren wir uns über unsere Ziele im klaren, wir wußten, was getan werden mußte, um sie zu erreichen.

Wenn wir eine solche Arbeit abschließen, bringen unsere Ergebnisse die Klarheit und Tiefe unserer Beteiligung zum Ausdruck und wir selbst strahlen, denn das bereichernde Gefühl, etwas Sinnvolles geleistet zu haben, schenkt uns Selbstvertrauen. Die Zufriedenheit, die wir fühlen, bleibt uns erhalten. Sie ermutigt und motiviert uns, in diesem Sinne weiter zu arbeiten, und unterstützt die Entwicklung der positiven Qualitäten, die in unserer Arbeit sichtbar werden.

Das ist mit Leib und Seele bei der Arbeit sein, und wir alle haben die Fähigkeit, auf diese Weise zu arbeiten. Wir entwickeln diese Qualität, wenn wir uns vorbehaltlos dem öffnen, was vor uns liegt und die Anforderungen unserer Arbeit mit Bereitwilligkeit, ja mit Freude akzeptieren. Die leichte und schwungvolle Qualität unserer Energie trägt uns mit Zuversicht durch unsere Arbeit und ist eine Inspiration für diejenigen, die mit uns zusammenarbeiten. Auf diese Weise zu arbeiten ist tief befriedigend; was hält uns dann davon ab, immer so zu arbeiten?

Furcht und Schuld

Wann immer wir etwas neues beginnen, malen wir uns vielleicht schon die vielen Hindernisse aus, die entstehen könnten und denken an die Begrenzungen, mit denen wir unserer Meinung nach in uns selbst und anderen konfrontiert werden. Obwohl wir von unserer Arbeit begeistert sind, kann es sein, daß wir von einem unterschwelligen Gefühl der Furcht eingeschränkt werden, möglicherweise nicht erfolgreich zu sein. Diese Furcht behindert den freien Fluß unserer Energie und hält uns davon ab, die Vorzüglichkeit und den inneren Wert unserer Arbeit voll und ganz zu schätzen.

Weil wir uns fürchten, unsere ganze Energie in unsere Arbeit zu geben, fangen wir an, die Kraft unseres Engagements zu untergraben. Wir bemerken vielleicht, wie wir alle paar Minuten unsere Arbeit verlassen, um etwas zu essen, ein Werkzeug zu holen, einen Schluck Wasser zu trinken, oder jemanden an etwas zu erinnern. Obwohl wir möglicherweise erkennen, daß keines dieser Dinge wirklich notwendig ist, unterbrechen und lenken wir uns vielleicht auch weiterhin ab. Geraten wir mit unserer Arbeit in Verzug, suchen wir dann wahrscheinlich nach dem schnellsten Weg, sie zu beenden und geben ihr dabei nur soviel Energie, daß es gerade ausreicht.

Wenn wir nach dem bequemen Ausweg suchen, tun wir häufig nur das allernotwendigste und stecken mehr Energie in das Finden von Entschuldigungen als in die Arbeit selbst. Weil wir unserer Arbeit nur einen Teil unserer Aufmerksamkeit widmen, machen wir häufig Fehler, mißverstehen wir Anweisungen oder erfüllen Zeitvorgaben nicht. Wenn wir fühlen, daß wir nicht gut arbeiten, entstehen Schuldgefühle, und diese Schuld überschattet alles, was wir tun. Wenn andere uns kritisieren und uns nach unseren Ergebnissen fragen, finden wir wahrscheinlich noch mehr Entschuldigungen für unser Unvermögen, gute Arbeit zu verrichten.

Wenn wir uns in dieser Weise auf unsere Arbeit beziehen, achten wir wenig auf die Zeit und Energie, die wir in sie investieren und können somit nicht die lebendige Erfahrung schätzen, die Arbeit bieten kann. Deswegen wird Arbeit für viele von uns zu einer unangenehmen Pflicht, frustrierend und unbefriedigend. Die

Zeit wird uns lang, wir schauen zur Uhr und hoffen, daß der Tag schnell vorbeigeht. Unsere Aufmerksamkeit wandert umher, und Arbeit wird verlegt oder verschoben, bis sie vergessen ist.

Energie zurückhalten schafft Unzufriedenheit

Wenn wir unsere Energie nicht in unsere Arbeit investieren, wird davon unser ganzes Wesen beeinflußt: unsere Augen, unsere Stimme, selbst die Art, wie wir uns bewegen kann anderen zeigen, daß wir uns selbst zurückhalten. Unsere Motivation schwankt und die Eigenschaften, die wir an unserer Arbeit am meisten schätzen – unsere Effektivität, Produktivität und dauerhafte Freude – werden beeinträchtigt. Wenn es uns nicht gelingt, unsere Energie ganz zu nutzen, fällt es uns schwer, zu unseren Entscheidungen zu stehen oder für die Ergebnisse unserer Arbeit die Verantwortung zu übernehmen.

Wir glauben vielleicht, daß das Leben befriedigender sein würde, wenn wir nicht so schwer arbeiten müßten oder mehr Freizeit hätten. Und dennoch, die Quelle unserer Unzufriedenheit ist eigentlich ein Mangel an Beteiligung in unserer Arbeit. Wenn wir uns nicht bemühen, mit Leib und Seele zu arbeiten, blockieren wir die Energie, das Interesse und die Konzentration, die dem Leben seine Vitalität verleihen. Möglicherweise lassen wir vielleicht zu, daß unser gesamtes Leben passiv an uns vorübergeht und daß wir nur sehr wenig erreichen, uns nur wenige echte Fähigkeiten aneignen und die Arbeit häufig wechseln; es kann sein, daß wir durch das Leben treiben, ohne jemals die tiefe Befriedigung zu erfahren, die entsteht, wenn wir all unsere Energie gut gebrauchen.

Übung 10: Unzufriedenheit nutzen

Wann immer Sie sich dabei ertappen, daß Sie unzufrieden mit Ihrer Arbeit sind, können Sie das als ein Zeichen dafür nehmen, daß Sie nicht mit Leib und Seele arbeiten. Wenn es scheint, daß Ihre Arbeit nicht gut läuft, nehmen Sie sich die Zeit und untersuchen Sie die Situation. Sind Sie sich über Ihre Ziele im klaren? Wissen Sie, was Sie tun müssen, um diese zu erreichen? Übernehmen Sie

Verantwortung für das, was getan werden muß? Schieben Sie die Arbeit auf oder bringen Sie diese so schnell wie Sie können zu Ende? Lassen Sie sich ablenken oder führen Sie Ihrer Arbeit Energie zu? Wissen Sie, wie Sie von Ihrer Zeit Gebrauch machen?

Wenn Sie Ihre typischen Reaktionen in diesen Situationen beobachten, werden Sie Einblick in Ihre Einstellung gegenüber der Arbeit erlangen. Mit einem klaren und ehrlichen Blick auf Ihre Arbeit und deren Erfordernisse, können Sie anfangen, all Ihre Sorgfalt und Energie in jede Aufgabe hineinzustecken.

Wenn wir unsere Verhaltensmuster in der Arbeit und anderen Menschen gegenüber kennen und im Gebrauch unserer Energie ehrlich sind, dann kann uns dies zu einem Leben voller Sinn und Tiefe führen. Begegnen wir unseren Problemen und Unzulänglichkeiten mit der ganzen Kraft unserer Energie und dem festen Entschluß, effektiv zu arbeiten, können wir jede wertvolle Gelegenheit zum Wachstum ganz nutzen. Indem wir uns in jeder Sache, die wir tun, bewähren und lernen, unseren Fortschritt genauso zu würdigen wie die Resultate, auf die wir hinarbeiten, beginnen wir die Befriedigung zu kennen, die durch gutes Arbeiten entsteht.

Quelle der Kreativität

Mit Leib und Seele arbeiten heißt intensiv arbeiten; wir richten unsere volle Aufmerksamkeit auf unsere Arbeit und widmen ihr unsere ganze Energie. Wir sind in der Lage uns zu konzentrieren und setzen uns mit unserem ganzen Herzen für jedes Vorhaben ein. Unsere Ergebnisse sind befriedigend, wenn wir in dieser Weise arbeiten; wir achten auf die Herausforderung, die jede Tätigkeit bereithält, begegnen ihr offen und bereitwillig und überwinden die selbsterrichteten Hindernisse, die unseren Fortschritt erschweren. Es gibt keinen Grund, ein Versagen zu befürchten, denn wenn wir uns ganz öffnen und bereitwillig unsere Energie geben, werden wir unsere Sache zwangsläufig gut machen. Wenn wir mit Leib und Seele arbeiten, erfüllt es uns mit Befriedigung, unser volles Potential und unsere ganze Energie einzusetzen, auch wenn wir nicht all unsere Ziele verwirklichen.

Wir können alle uns verfügbaren Mittel nutzen – sowohl die materiellen als auch unsere menschlichen Ressourcen, wie Energie, Intelligenz, Zeit, Sinne und Empfindungen. Es geht nicht nur darum, unseren Handlungen Energie zuzuführen oder mehr Gewicht auf Gedanken oder das Lösen von Problemen zu legen. Diese Dinge sind bei jedem Vorhaben hilfreich, aber mit Leib und Seele arbeiten erfordert ein völliges Beteiligtsein unseres Geistes, unseres Herzens, unserer Energie und unserer Bewußtheit.

Arbeiten wir mit Leib und Seele, dann sind Probleme niemals große Hindernisse. Wir kümmern uns gründlich um die Arbeit und ihre Ergebnisse, und was immer wir tun, beginnt uns wirklich zu interessieren. Neue Möglichkeiten eröffnen sich, und wir finden mehr Bedeutung in unserer Arbeit. Wir nehmen Anteil an unserem Fortschritt und unseren Leistungen, und lassen uns durch die an uns gestellten Aufgaben und Herausforderungen inspirieren.

Anstatt unserer Arbeit auszuweichen, vermeiden wir ganz selbstverständlich Dinge, die uns von ihr ablenken. Vorfreude und Begeisterung geben jedem Augenblick eine ganz bestimmte Note und durchdringen unser Leben mit unbeschwerter Freude. Alles, was wir tun, spiegelt Sorgfalt und Hingabe wider, und die Ergebnisse sind zutiefst befriedigend. Die Arbeit ist vollkommen im Gleichgewicht. Wenn wir mit Leib und Seele arbeiten, erschließen wir die eigentliche Quelle von Kreativität, Klarheit und Bedeutung im Leben.

TEIL ZWEI

Veränderung

Wenn wir uns unsere Probleme direkt ansehen und sie überwinden können, entdecken wir neue Seinsweisen. Wir bauen Stärke und Vertrauen auf, um mit zukünftigen Schwierigkeiten fertigzuwerden. Das Leben wird zu einer sinnvollen Herausforderung, die zu größerem Wissen und Erwachen führt. Wir entdecken, daß wir um so mehr wachsen, je mehr wir lernen. Je zahlreicher die Herausforderungen, denen wir begegnen, desto mehr Stärke und Bewußtheit gewinnen wir. Wenn wir in Übereinstimmung mit dem Prozeß der Veränderung leben, tun wir etwas Wertvolles, indem wir einfach nur leben.

Veränderung

Flüsse fließen, Berge werden abgetragen, Zivilisationen entstehen und vergehen. Die Zyklen der Veränderung sind endlos. Die am langsamsten voranschreitenden geologischen und evolutionären Veränderungen haben die Welt, so wie wir sie heute kennen, geformt. Gesellschaften und Kulturen sind aufgetaucht und untergegangen, jede fügte dem menschlichen Leben eine neue Dimension hinzu. In nur zweihundert Jahren haben sich die Vereinigten Staaten von Amerika aus einem unterentwickelten, nur schwer zugänglichen Land zu der technologisch am weitesten entwickelten und mächtigsten Nation der Erde entwickelt. Das Weltgeschehen spiegelt die Veränderungen wider, die mit dem Aufkommen neuer Führungspersönlichkeiten und Entwicklungsströmungen entstehen und vergehen. Andere Persönlichkeiten und Strömungen nehmen ihren Platz ein. Der Wert des Geldes schwankt, Kinder werden geboren, Menschen sterben; nichts bleibt wie es war.

Sich der Veränderung widersetzen

Obwohl wir uns alle von Tag zu Tag ändern, fällt es uns selten leicht, uns auf die Weise zu verändern, die wir uns wünschen oder die notwendig ist. Sogar wenn wir nicht glücklich sind, scheint es oft einfacher, sogar besser, an dem, was wir haben, festzuhalten, der- oder dieselbe zu bleiben. Wir ziehen es vor, die Möglichkeiten zu Erfüllung und Glück, die positives Handeln bringen kann, zu ignorieren. Wir halten an der Vorstellung fest, daß wir unfähig sind, uns an die Anforderungen unserer Arbeit und unseres Lebens anzupassen; oder wir glauben möglicherweise, uns schon genug geändert zu haben. Wenn wir kritisiert werden, weil wir ein leeres Leben führen, setzen wir uns zur Wehr, entschuldigen uns selbst und behaupten, so wären wir nun einmal und wir könnten uns nicht ändern. Es ist leicht, ein ganzes Leben so zu verbringen und uns zu weigern, für unser persönliches Wachstum die Verantwortung zu übernehmen.

Wir möchten uns nicht die Mühe machen, uns zu verändern, aber dagegen zu kämpfen ist noch mühsamer. Zu versuchen, Veränderung in unserem Leben zu verhindern ist wie zu versuchen, in einem Fluss gegen die Strömung zu schwimmen. Diese Lebensweise erschöpft und frustriert bis ein Gefühl der Niederlage beginnt, unser Leben zu durchdringen. Aber wir könnten uns stattdessen dafür entscheiden, aus der flüchtigen Natur des Seins Nutzen zu ziehen und zu lernen, am lebendigen Fluss des Lebens teilzunehmen, im Einklang mit dem Prozeß der Veränderung.

Veränderung ist natürlich und heilsam, nicht etwas, das wir fürchten und vermeiden müssen. Betrachten wir sorgfältig die Veränderungen, die sich in unserem Leben ereignet haben, sehen wir, daß es der Prozeß des Wandels ist, der alle guten Dinge bewirkt. Wenn wir uns selbst erlauben, uns zu verändern, trägt uns das Leben schnell über schwierige Zeiten hinweg und in eine Zeit von Freude und Vitalität. Sobald wir sehen, wie Veränderung ständig auf uns einwirkt und auch in uns selbst zur Wirkung kommt, können wir lernen, die Energie von Veränderung zu nutzen, um unser Leben zu lenken.

Übung 11: Veränderung schätzen

Wenn Sie Ihre Fähigkeit, sich zu verändern, schätzen lernen und weiter entwickeln wollen, ist es hilfreich, darüber nachzudenken, wie Sie sich im Laufe der Zeit geändert haben. Sie sind nicht die gleiche Person, die Sie vor zehn Jahren waren. Was hat sich bei Ihnen geändert? Wie sind Sie früher gewesen? Würden Ihr vergangenes Selbst und Ihr gegenwärtiges Selbst Freunde sein, wenn sie sich träfen? Was würden sie aneinander mögen und nicht mögen? Wie sind Sie die Person geworden, die Sie heute sind? Ihre Ideale, Gedanken und Überzeugungen haben sich geändert; was hat die vorigen ersetzt und warum? Blicken Sie auf diese Weise auf die Veränderungen zurück, die es gegeben hat, können Sie Ihr Wachstum und den Fortschritt genießen und den Nutzen, den der Prozeß der Veränderung in Ihr Leben gebracht hat, wertschätzen.

Wenn Sie feststellen, wie sehr Sie sich sogar ohne bewußte Anstrengung verändert haben, vermittelt dieses eine Ahnung Ihrer Wachstumsmöglichkeiten, wenn Sie sich wirklich um Veränderung bemühen. Es ist vielleicht hilfreich, wenn Sie über Ihr gegenwärtiges Leben nachdenken und es in Bezug setzen zu dem zukünftigen Selbst, das Sie sein werden. Tragen Ihre gegenwärtigen Handlungen zu einer Verbesserung ihres Lebens bei und bereichern es durch Wachstum und positive Erfahrung? Was werden Sie denken, wenn Sie in zehn Jahren auf Ihre jetzige Situation zurückschauen? In welchem Maße haben Sie die Veränderungen herbeigeführt, die stattgefunden haben? Wenn Sie Ihr Leben in dieser Weise hinterfragen, erhalten Sie einen klareren Einblick in Ihre Motivation, sich zu verändern und zu wachsen.

Übung 12: Fähigkeiten erweitern

Positive Veränderung in Ihr Leben zu bringen kann einfach sein; es beginnt, sobald Sie sich entschließen, Ihre Fähigkeiten zu erweitern. Das nächste Mal, wenn Sie sich in einem einschränkenden Verhaltensmuster gefangen fühlen, lassen Sie Ihre starren Ansichten und Erwartungen los und öffnen sich für alles, was Sie von einer neuen Seinsweise lernen können. Nehmen Sie die Energie, die Sie früher darauf verwendet haben, Ihre alten Verhaltensmuster zu verstärken, und nutzen Sie sie, um Ihre Schwierigkeiten schnell und geschickt zu bewältigen. Wenn Sie sich selbst auf diese Weise behaupten können, stellen Sie fest, daß Ihre kreative Energie und die Fülle Ihrer Erfahrung grenzenlos sind.

Gehen Sie gelassen und stetig durch den Tag, innerlich ruhig. Entspannt und von innerem Frieden erfüllt, werden Sie störende Verhaltensmuster erkennen können, während sie entstehen. Erlauben Sie diesen Verhaltensmustern, Ihnen zu zeigen, wie Veränderung möglich ist. Wann immer Sie sich in einer schwierigen Situation befinden, halten Sie inne, bevor Sie reagieren. Waren Ihre

Handlungen in irgendeiner Weise eine Ursache? Suchen Sie Ausflüchte? Falls ja, akzeptieren Sie sich stattdessen ... und verändern gleichzeitig Ihre typische Reaktion. Wenn Sie im Begriff waren, emotional zu reagieren, nehmen Sie Abstand und schauen Sie in aller Ruhe auf die Situation. Wählen Sie eine gesündere Form der Antwort. Vergangene Gewohnheiten können verändert und positive Qualitäten bestärkt und entwickelt werden. Die Möglichkeit zur Veränderung steht immer offen, da Ihr Wachstum und Ihre Entwicklung eine Frage der Wahl sind. Sie brauchen sich nur zu entscheiden.

Probleme eröffnen neue Möglichkeiten des Seins

Wenn wir unsere Gewohnheiten und Verhaltensmuster ändern, stellen wir fest, daß Probleme uns lehren können, zu wachsen. Aber weil unsere Probleme oft schmerzlich und störend sind, versuchen wir von Natur aus, sie zu vermeiden; wir suchen Wege, um aus schwierigen Situationen zu entkommen oder die Hindernisse zu umgehen, auf die wir treffen. Aber unsere Probleme sind wie Wolken: Obwohl sie scheinbar die Heiterkeit eines klaren Himmels stören, enhalten sie die lebenspendende Feuchtigkeit, die das Wachstum fördert. Wenn wir uns unsere Probleme direkt ansehen und sie überwinden können, entdecken wir neue Seinsweisen. Wir bauen Stärke und Vertrauen auf, um mit zukünftigen Schwierigkeiten fertigzuwerden. Das Leben wird zu einer sinnvollen Herausforderung, die zu größerem Wissen und Erwachen führt. Wir entdecken, daß wir um so mehr wachsen, je mehr wir lernen. Je zahlreicher die Herausforderungen, denen wir begegnen, desto mehr Stärke und Bewußtheit gewinnen wir. Wenn wir in Übereinstimmung mit dem Prozeß der Veränderung leben, tun wir etwas Wertvolles, indem wir einfach nur leben.

In Zeiten, wenn Sie zutiefst entmutigt sind und aufgeben wollen, oder wenn Sie finden, daß es in Ihrem Leben zu spät ist, um irgendwelche Veränderungen vorzunehmen lassen Sie sich nun nicht aufhalten. Indem Sie sich selbst ermutigen, stärken Sie Ihre Motivation zu lernen, zu wachsen und Ihr Potential schöpferisch einzusetzen. Anstatt sich selbst zu erlauben, in alten Verhaltensmustern fixiert zu bleiben, stellen Sie sie in Frage und überwinden sie. Wenn Sie dieses tun, werden Sie Ihre Fähigkeiten erweitern und den Reichtum Ihrer Erfahrung vergrößern, wie Sie es niemals für möglich gehalten hätten. Anstatt Ihr Streben zu begrenzen, können Sie die Energie Ihrer negativen Haltungen nutzen und zu einer konzentrierten, zielgerichteten Kraft verbinden, um Veränderung in die Wege zu leiten.

Haben wir gesehen, daß wir uns für Veränderung entscheiden können, schauen wir der Zukunft erwartungsvoll entgegen und bewegen uns wirklich auf die Zukunft zu. Wir wachsen so schnell, wie wir wollen. Voll Vertrauen in unsere Fähigkeit, unsere Gesundheit und Stärke durch unsere eigenen Anstrengungen zu entwickeln, werden wir ein Beispiel für unsere Mitmenschen und ermutigen sie, sich ebenfalls zu verändern. Diese Unterstützung, dieses Teilen von Erfahrung, ist einer der größten Schätze der Menschheit.

Wenn wir offen sind für Veränderung, entdecken wir, daß unser Geist eine schöpferische Quelle für Freude und Glück ist und daß unser Körper voll Energie ist. Zusammen bilden Körper und Geist ein gutes Fahrzeug; sie sind die zwei Flügel, die es uns ermöglichen, zu fliegen und den Herausforderungen des Lebens zu begegnen. Wir lernen zu schätzen, welch Glück es bedeutet, in der Lage zu sein, Geist und Körper zu nutzen, um unsere Arbeit, unsere Beziehungen und unser Leben zu vertiefen und zu bereichern.

Betrachten Sie die Werte, die sich entwickeln: ein offenes Herz, eine Bereitschaft, sich dem Leben direkt zu stellen, Vertrauen in uns selbst. Wir können dem Leben begegnen, als ob es nur eine weitere Mühsal wäre. Aber wenn wir uns entscheiden, die vielen Möglichkeiten zu positiver Veränderung zu nutzen, können wir unser Leben lebendig und gesund machen. Wir entwickeln echte Wertschätzung für uns selbst, ein Gefühl von Wohlbefinden, das durch all unsere Handlungen hindurch strahlt. Wenn wir Veränderung zustande bringen, wird sie sichtbar und wir sind stolz darauf. Auch andere, die die Veränderung in uns sehen, werden ermutigt. Wenn wir auf diese Weise unser gegenseitiges Wachstum unterstützen, ist die Arbeit mühelos und unser Herz ist voller Freude.

Probleme meistern

Selbst wenn unser Leben grundsätzlich glücklich und erfolgreich ist, müssen wir uns vielleicht dennoch mit vielen Problemen auseinandersetzen. Diese fordern unsere Aufmerksamkeit und verhindern den natürlichen Frieden des Geistes, der das Leben zu einer Freude macht. Manchmal mögen uns diese Probleme überwältigen, besonders dann, wenn sie aus dem Unvermögen entstehen, uns unsere Fehler und Mißerfolge einzugestehen. Starke und störende Gefühle können in uns entstehen, so daß wir die Empfindung haben, mit dem, was vor sich geht, einfach nicht umgehen zu können.

Gelegentlich können wir vielleicht ein Problem voraussehen und das Schlimmste verhindern; ein andermal finden wir uns vielleicht plötzlich inmitten von Schwierigkeiten wieder, kämpfen uns durch, so gut wie wir können und suchen möglicherweise Unterstützung bei Freunden. Oder wir versuchen vielleicht, dem Problem als Ganzem zu entfliehen, indem wir es zu vermeiden suchen, anstatt es anzugehen. Unter glücklichen Umständen kann es manchen Menschen gelingen, Ihren Schwierigkeiten zeitweise zu entkommen, indem sie alles hinter sich lassen, aber die meisten von uns haben diese Alternative nicht. Und wir alle haben hin und wieder Probleme, die sich einfach nicht vermeiden lassen.

Es scheint keinen Weg zu geben, sich vor Problemen zu schützen. Aber während es zutrifft, daß wir über viele Dinge in unserem Leben wenig Kontrolle haben, bleiben selbst die schwierigsten Situationen nur solange ein Problem, wie wir uns selbst durch unsere emotionalen Reaktionen mitreißen lassen.

Probleme entstehen im allgemeinen aus unserer inneren Reaktion auf eine Situation; wenn wir uns selbst nicht genau kennen, sind wir gegenüber unseren Sinnen, Gedanken und Gefühlen wie Fremde, und es ist schwierig, unsere Reaktionen zu kontrollieren. Somit wiederholen sich dieselben Probleme in unserem Leben, weil wir nicht gelernt haben, mit ihnen wirksam umzugehen. Wir wenden uns vielleicht an andere, damit sie uns helfen, den Weg durch unsere Schwierigkeiten zu finden. Aber obwohl es unsere Freunde wahrscheinlich gut meinen, haben sie häufig nicht die Antwort, die wir brauchen.

Wir können lernen, uns im Umgang mit unseren Problemen auf uns selbst zu verlassen, indem wir auf unsere Reaktionsmuster achten und uns der Motivationen bewußt werden, die uns in Schwierigkeiten bringen können. Wenn wir die Qualität unserer Gefühle und Emotionen erkennen und die Ergebnisse unserer Handlungen klar sehen, entdecken wir, daß gerade unser Mangel an Bewußtheit zu unseren Problemen beigetragen hat.

Übung 13: Auf Schwierigkeiten reagieren

Lernen Sie zu erkennen, wie Sie auf Schwierigkeiten reagieren. Dies ist der erste Schritt um unsere Bewußtheit zu steigern. Rufen Sie sich zu diesem Zweck zwei oder drei Situationen ins Gedächtnis, bei denen Umstände auftraten, denen Sie sich nicht gewachsen fühlten und die Sie aus der Fassung brachten. Untersuchen Sie der Reihe nach jedes Ereignis: Wie genau ist es entstanden? Wer war noch daran beteiligt? Was haben Sie getan? Wie haben Sie schließlich das Problem gelöst? Haben sich dieselben Muster wiederholt? Diese Fragen geben Ihnen den Raum, um einen Schritt zurück zu tun, um Einblick in die Ursachen des Problems zu gewinnen und um realistisch über neue Alternativen für ähnliche Situationen nachzudenken. Wenn Sie beginnen, Ihre Reaktionsmuster auf Probleme zu erkennen, können Sie anfangen, Ihr eigener Ratgeber zu sein. Sie lernen das Auftauchen weiterer derartiger Probleme zu verhindern.

Mit emotionaler Energie arbeiten

Bekommen Sie ein Gespür dafür, wie Sie in schwierigen Zeiten reagieren, wird Ihnen das helfen, Ihren emotionalen Energien eine neue Richtung zu geben. Wenn Sie deprimiert oder aufgebracht sind, halten Sie einen Moment inne und betrachten den Schmerz, den Sie gerade erfahren. Versuchen Sie das, was Sie empfinden nicht zu interpretieren oder zu beurteilen; lokalisieren Sie einfach das Gefühl und beobachten Sie es aufmerksam.

Verwirrung, Anspannung und Depression enthalten Energie, die genau so gut für uns als auch gegen uns eingesetzt werden kann. Wir sehen uns ruhig unsere Schwierigkeiten an, ohne zu versuchen, ihnen zu entfliehen, und ohne zu versuchen, unsere Gefühle zu manipulieren oder zu unterdrücken. Es ist möglich, etwas zu sehen, das wir noch nie gesehen haben. Möglicherweise erkennen wir nun sehr deutlich, daß wir diesen Schmerz einfach nicht mehr länger haben wollen. Dann entdecken wir in uns selbst die Motivation, die Gewohnheiten zu ändern, die uns in Schwierigkeiten bringen.

Wir können die Energie unserer Emotionen geschickt zur Lösung unserer Probleme einsetzen, um das reine Wechselspiel von Geist und Sinnen wiederzuentdecken, das unsere Energie in positivere Richtungen fließen läßt. Unsere Emotionen sind wirklich nur Energie; sie werden schmerzvoll, wenn wir an ihnen haften und sie als negativ identifizieren. Wir können diese Energie in positive Gefühle verwandeln, denn letztlich sind wir es selbst, die diese Reaktionen bestimmen. Wir haben die Wahl: Wir können in negativen Emotionen verharren oder wir können ihre Energie dazu verwenden, eine gesündere Reaktion auf unsere Probleme zu fördern.

Übung 14: Das Problem durchdringen

Wenn Sie Hindernissen in sich selbst begegnen und Schwierigkeiten in Ihrer Arbeit oder in Ihren Beziehungen zu anderen haben, nehmen Sie sich ein paar Minuten Zeit, schließen Sie Ihre Augen und sitzen Sie still da. Öffnen Sie sehr sanft Ihre Augen und versuchen Sie, das Problem zu visualisieren, erlauben Sie sich selbst, es ganz zu fühlen. Dann schließen Sie wieder sanft Ihre Augen. Gehen Sie tief in Ihre Gefühle, bis diese sich auflösen und Sie wieder frisch und entspannt sind.

Dann öffnen Sie langsam Ihre Augen, und ohne irgend etwas

bestimmtes anzusehen, visualisieren Sie Aspekte des Problems, die Sie vielleicht übersehen haben. Schließen Sie nochmals Ihre Augen und vertiefen Sie sich so weit wie möglich in diese Gefühle, bis diese sich ebenfalls auflösen und Sie sich vollständig frisch und erneuert fühlen.

Wiederholen Sie diesen Prozeß noch einige Male, bis Ihre negativen Gefühle vollständig verschwinden. Öffnen Sie am Ende der Übung langsam Ihre Augen und lassen Sie Ihren Atem sehr weich und sanft sein. Lassen Sie Ihren Atem, Ihre Bewußtheit und das Licht, das Sie um sich herum sehen, verschmelzen und ins Gleichgewicht kommen. Während dies geschieht, werden Sie eine helle, klare und offene Qualität fühlen. Entwickeln und erhalten Sie diese Qualität, indem sie weiterhin sanft atmen und dabei Ein- und Ausatmen ins Gleichgewicht kommen lassen. Wenn Sie das tun, erwacht Ihr Körper zum Leben, Ihr Geist wird konzentriert und Ihre Bewußtheit erweitert sich.

Betrachten Sie den Tag als den Beginn eines neuen Lebens. Bringen Sie keinerlei Widerstände in Ihr neues Leben. Sie beginnen frisch, ohne Probleme oder Hindernisse in Ihrer Vergangenheit oder Zukunft. In Ihrem neuen Leben ist jegliche Erfahrung mit einer reichhaltigen und vitalen Qualität belebt. Sie sind in jedem Augenblick mit allem, was geschieht, vollständig verbunden. Sie sind mit einer leuchtenden Klarheit in Berührung und sich all dessen bewußt, was in Ihnen und um Sie herum vor sich geht.

Innerer Reichtum an Ressourcen

Die aus dem positiven Einsatz unserer Energie gewonnene Klarheit hilft uns nicht nur über unsere unmittelbaren Schwierigkeiten hinweg. Sie lehrt uns auch vieles über uns selbst und verwandelt unproduktive Reaktionen in Wege, schwierige Situationen zu meistern. Wenn wir anfangen, unsere negativen Muster zu verstehen, gewinnen wir mehr Vertrauen in unsere Fähigkeit, uns mit unseren Problemen selbst auseinanderzusetzen. Wenn wir innerlich klar und ausgeglichen sind, sind wir in der Lage unsere Anlagen zu nutzen, um mit allem, was entsteht, umzugehen; wir sind nicht länger auf die Hilfe anderer angewiesen.

Lernen wir auf diese Weise, unsere Probleme zu meistern, wird uns diese Fähigkeit erhalten bleiben und uns helfen, alles anzunehmen und uns allem zu stellen, was immer auch in unserem Leben geschieht. Wir entwickeln wichtige Fertigkeiten: wie wir unsere Gefühle genau wahrnehmen und mit ihnen unmittelbar umgehen können. Es liegt eine große Befriedigung darin, die Verbesserungen zu sehen, die dadurch in unserem Leben, in unseren Beziehungen und in unserer Arbeit entstehen. Unser Selbstwertgefühl beginnt allmählich zu wachsen. Schon dies kann viel von den Ängsten und Sorgen lindern, die die Ursachen unserer Schwierigkeiten sind.

Wir haben nun das starke Gefühl, dem Sturm trotzen zu können. Wir sehen über den Augenblick hinaus und gewinnen einen Ausblick auf unser Leben. Wir erkennen, daß jeder Tag eine neue Erfahrung bringen wird. Unsere Schwierigkeiten sehen nicht mehr unlösbar aus und scheinen nicht mehr ohne Ende zu sein. Wir wissen, daß wir mit jeglichem Problem, das auftreten mag, umgehen können, und wir sind angeregt, fähig und sicher, durch sie hindurch und über sie hinauszugehen. Unser Sein ruht nun auf einer gesunden und starken Grundhaltung und wir bemerken, daß in unserem Leben Probleme weniger häufig auftreten. Obwohl wir wahrscheinlich auch weiterhin auf Druck von außen reagieren, können wir unsere Reaktionen kontrollieren und unsere Energie dazu nutzen, uns in eine gesunde Richtung zu bewegen.

Stärke und Würde entdecken

Wir haben Möglichkeiten im Überfluß, um in positiver Weise zu leben und zu handeln. Unser inneres Wesen gibt uns Kraft und Würde, verleiht unserem Leben die Stärke und inspiriert unsere Mitmenschen. Wenn wir dieses ruhige Vertrauen in uns selbst erlangen, das aus unserer inneren Stärke entsteht, findet unser gesamtes Umfeld wie von selbst zu seinem Gleichgewicht und wird hell und erfreulich. Diese Verwandlung entsteht, wenn wir lernen, die Konflikte zu bewältigen, die wir durchlaufen müssen. Indem wir diese Stärke in uns selbst entdecken, steigern wir unsere Fähigkeit, Sinn und Zufriedenheit im Leben zu finden.

Es liegt wirklich an uns. Wenn wir den Möglichkeiten, die uns die Probleme bieten, offen begegnen, und unser Verständnis von uns selbst vergrößern, können wir die Qualität unseres Lebens verändern und helfen, daß sich auch das Leben unserer Mitmenschen ändert. Wir wissen, daß es immer Schwierigkeiten geben wird, denen wir uns stellen müssen, und Probleme, die es zu lösen gilt, aber wenn wir Verantwortung übernehmen, lernen wir diese zu bewältigen. Indem wir an uns selbst arbeiten, indem wir uns selber besser kennenlernen, und indem wir dann unsere zunehmende Stärke mit anderen teilen, schaffen wir eine Grundlage für die Unterstützung, die die Qualität unseres Lebens verwandelt und zu dem Wohlergehen unserer Mitmenschen beiträgt.

Flucht

Am Anfang einer jeden neuen Aufgabe ist noch alles frisch und aufregend. So viele Möglichkeiten eröffnen sich uns; unsere Hoffnungen sind groß, unsere Energie und Begeisterung ist grenzenlos. Wenn aber Probleme entstehen, nutzt sich unsere anfängliche Begeisterung wahrscheinlich ab. Die Zukunft ist nicht mehr so vielversprechend und unser Wille und unsere Bestimmtheit können ins Schwanken geraten. Es erscheint möglicherweise viel einfacher, nach Wegen zu suchen, wie wir unsere Arbeit vermeiden können, als uns selbst durch die Herausforderungen, die die Arbeit bietet, inspirieren zu lassen.

Wenn die Arbeit schwierige Anforderungen an uns stellt, kann es sein, daß wir uns entscheiden, unsere Energie zurückzuhalten. Weil wir uns nicht auf unsere Arbeit konzentrieren, wird unsere Energie zerstreut und verwirrt. Wir fangen an, durch unsere Tage zu treiben. Wir bemerken, daß wir uns für unser ineffektives Arbeiten entschuldigen: Wir fühlen uns nicht gut oder wir brauchen mehr Zeit. Auf entstehende Ablenkungen reagieren wir bereitwillig, indem wir häufig Pausen machen, unnötige Besorgungen erledigen oder auf dem Weg vielleicht anhalten, um mit einem Freund zu sprechen. Am Ende des Tages haben wenig vorzuweisen. Würden wir uns der Arbeit direkt stellen, fänden wir sie vielleicht weitaus weniger bedrohlich, als wir befürchteten. Wir übersehen dies, wenn wir uns entscheiden, uns abzuwenden.

Es gibt eine Geschichte von einem Hasen und einem Löwen. Der Löwe beanspruchte für sich, König der Tiere zu sein, aber der Hase hatte seine Zweifel daran und fragte, warum das so sei. »Ich bin der König der Tiere,« sagte der Löwe, »weil ich besondere Kräfte habe.«

Der Hase dachte einen Augenblick lang nach. »Ich habe ebenfalls besondere Kräfte«, sagte er. »Ich bin klein, aber ich habe die Kraft, alles, was ich möchte, zu durchbohren. Sieh dir meine Ohren an, wie spitz die sind.« Und er wackelte mit seinen Ohrenspitzen.

Der Löwe schaute zweifelnd. »Schau, ich zeige es dir«, sagte der Hase und sprang plötzlich über den Löwen hinweg. Dabei schrie er: »Zu hoch!« Der überraschte Löwe drehte sich um, um zu sehen, wo der Hase geblieben war. Aber bevor er wußte, was ihm geschah, war der Hase schon unter ihm her zurückgerannt. »Zu niedrig!« schrie der Hase. »Aber jetzt habe ich es raus.« Langsam drehte sich der Hase zum Löwen hin und wackelte mit den Spitzen seiner Ohren. »Ahhh, ich verstehe...« fing er an, aber bevor er zum Sprung ansetzen konnte, rannte der Löwe davon.

Sich Schwierigkeiten stellen

Häufig entscheiden wir uns dafür, vor einem Problem davonzurennen, anstatt uns direkt damit zu konfrontieren. Aber wenn wir uns so entscheiden, berauben wir uns der Möglichkeiten, zu wachsen und unser Wissen über uns selbst zu vertiefen. Vielleicht glauben wir, unsere Probleme lösen zu können, indem wir ihnen entkommen, aber unsere Probleme werden nicht verschwinden. Wir versuchen es möglicherweise mit radikalen Veränderungen in unserer Lebensweise: nehmen eine neue Arbeit an, lassen uns scheiden oder suchen uns neue Freunde. An der Oberfläche scheinen diese Veränderungen möglicherweise unsere Probleme zu lösen. Früher oder später aber kann diese neue Lebensweise zu einer ebenso großen Enttäuschung werden, wie diejenige, die wir hinter uns gelassen haben.

Schon als Kinder entwickeln wir die Angewohnheit, vor unseren Schwierigkeiten davonzurennen. Wenn einem Kind etwas begegnet, daß es nicht will, versucht es durch allerhand Schachzüge, dieses zu vermeiden: es weint, versteckt sich oder kämpft. Wenn Eltern dieses Verhalten als natürlich und typisch kindlich abtun, wird eine Angewohnheit gefördert, die uns in unserem späteren Leben schaden kann. Wenn uns nicht beigebracht wird, wie wir unseren Problemen direkt begegnen und sie durcharbeiten können, wird sich das Muster des Vermeidens in der Schule, bei Freunden und in der Familie wiederholen; es kann zu einer natürlichen, akzeptierten Handlungsweise werden.

Muster des Vermeidens nicht wiederholen

Verantwortung zu vermeiden ist eine allgemein anerkannte Möglichkeit, schwierigen und herausfordernden Situationen zu entkommen. Wir ziehen unsere Energie zurück und machen weniger, als wir könnten. Wenn Probleme entstehen, erklären wir, daß wir zu vielen Einschränkungen unterworfen sind, um effektiv arbeiten zu können, oder wir machen andere für unsere Ineffizienz verantwortlich. Vielleicht können wir sogar andere davon überzeugen, daß dies das Beste ist, was wir tun können. Da wir wissen, daß wir nicht mit unserer ganzen Energie arbeiten und daß unsere Ergebnisse dies widerspiegeln, wenden wir allerlei Tricks an und treiben Spielchen, um den Eindruck zu erwecken, daß wir arbeiten, so gut wir können. Wenn wir nicht hinter unserer Arbeit stehen und ein Mißerfolg möglich erscheint, überzeugen wir am Ende vielleicht auch noch uns selbst davon, daß wir nichts tun können.

Es kann sein, daß wir uns erleichtert fühlen, wenn es uns gelingt, unseren Problemen zu entfliehen. Aber in Wirklichkeit entfliehen wir nur wenig. Unsere Probleme tauchen in neuer Form immer wieder auf, in der Arbeit und in persönlichen Beziehungen. Wie in einer Tretmühle durchlaufen wir immer die gleichen Szenen und kommen niemals wirklich irgendwo hin. Wenn wir das Fluchtmuster durchbrechen wollen, ist es notwendig, unsere Einstellungen und Gefühle sorgfältig zu beobachten und uns für einen ehrlicheren und direkteren Zugang zu unserer Arbeits- und Lebensweise zu entscheiden.

Wenn wir uns unsere Muster des Vermeidens betrachten, bemerken wir, daß fast alles ein Mittel zur Flucht sein kann. Bei der Arbeit geben uns Unterbrechungen viel Gelegenheit dazu, Dinge zu vermeiden, die wir nicht gerne tun. Freizeitaktivitäten können leicht ein Ersatz dafür werden, mit unseren Problemen umzugehen. Besprechen wir unsere Schwierigkeiten mit einem Freund, dann kann uns das davon abhalten, eine Lösung in uns selbst zu finden. Indem wir unsere Handlungen und Gewohnheiten ehrlich untersuchen, können wir entdecken, daß selbst die einfachsten Handlungen durch den Wunsch zu entfliehen motiviert sein können.

Übung 15: Energie neu ausrichten

Sobald wir verstehen, wie wir versuchen unseren Schwierigkeiten und unserer Furcht zu entkommen, können wir uns entschließen, dieses Muster zu ändern. Wenn Sie das nächste Mal einem Problem begegnen und bemerken, daß Sie nach einer Möglichkeit suchen, es zu umgehen, können Sie eine bewußte Entscheidung treffen, Ihre Energie neu auszurichten, in das Problem hineinzugehen und eine Lösung zu finden. Vielleicht verspüren Sie anfänglich ein Widerstreben, wenn Sie dies tun. Aber die positiven Gefühle, die Sie gewinnen, indem Sie Ihrer Arbeit und Ihrem Leben ehrlich gegenübertreten, werden Ihre Fähigkeit stärken, zukünftigen Herausforderungen direkt zu begegnen, und Sie werden Ihren Ansporn zum Wachsen vergrößern.

Wenn wir unsere Motivation, unsere Einstellungen, unsere Stärken und Schwächen ehrlich einschätzen, können wir allmählich einen tieferen Einblick in unsere Natur bekommen. Hieraus können wir eine lebendige Energie schöpfen, die unserem Leben eine wirkliche Bedeutung gibt. Wenn wir uns die Gelegenheiten, denen wir in der Arbeit begegnen, zunutze machen, um unsere Schwierigkeiten anzugehen und zu überwinden, können wir selbst die überwältigendsten Probleme in einer entspannten und kompetenten Weise geschickt herausfordern.

Ruhelosigkeit durch Freude ersetzen

Unsere Ruhelosigkeit, dieser ständige Wunsch zu entfliehen, wird sich auflösen, wenn wir erkennen, daß die einzige wirksame Veränderung, die wir jemals herbeiführen können, in uns selbst stattfindet. Wir entdecken, daß Freude und Zufriedenheit in uns sind, wenn wir uns nur die Zeit nehmen, nach Ihnen zu suchen.

Wenn wir das tun, lernen wir die Tendenz zu überwinden, der Verantwortung zu entfliehen. Wir ersetzen diese Tendenz durch Offenheit gegenüber anderen, durch eine ausgeglichene Lebensanschauung und eine sanfte aber beharrliche Fähigkeit, zu erreichen, was immer wir uns vornehmen. Auf diese Art führen wir ein gesundes und zufriedenstellendes Leben, können die Herausforderungen auskosten, die unser Potential erweitern und den verfügbaren Nutzen für uns alle vergrößern.

Widerstand und Unwille

Wenn wir in der Lage sind, uns selbst ehrlich zu betrachten und unsere Stärken und Schwächen zu sehen, erlaubt uns unsere Offenheit, ständig zu wachsen und uns zu ändern. Wir heißen die Herausforderungen von Arbeit und täglichem Leben willkommen und nutzen sie als Gelegenheiten, uns selbst und andere besser zu verstehen. Wir stellen uns Problemen entgegen, sobald sie auftauchen, akzeptieren sie und lernen von ihnen. Unsere Ehrlichkeit inspiriert andere, die Wahrheit in sich selbst zu berühren, ihre Fähigkeiten zu erweitern und offen miteinander zu kommunizieren. Ein positiver Prozess von Bewußtheit und Wachstum wird genährt, der das Band von Zusammenarbeit und gegenseitiger Anteilnahme stärkt.

Widerstand gegen Unterstützung

Uns selbst ehrlich zu betrachten ist jedoch nicht immer leicht, denn wenige von uns wollen sich ihre Unzulänglichkeiten ansehen, besonders wenn wir Probleme haben und nicht wissen, wie wir sie wirksam lösen können. Unbewußt versuchen wir, uns vor Versagen zu schützen, indem wir uns unserer inneren Vision verschließen und es vermeiden, uns selbst ehrlich anzuschauen. Wenn unsere Schwierigkeiten zutage treten, während wir mit anderen arbeiten, errichten wir subtile Barrieren, die uns von dem Rat und der Kritik isolieren, die uns helfen könnten zu wachsen.

Wenn wir uns den Versuchen anderer, uns zu helfen, widersetzen, sehen wir nicht, daß Kritik ein Ausdruck von echter Unterstützung sein kann. Wir verschließen der Kommunikation die Tore und können nicht länger die mitmenschliche Anteilnahme geben oder empfangen, die für unsere Arbeit und unser inneres

Wachstum wesentlich ist. Rat von anderen eröffnet uns eine neue Sichtweise, die uns hilft, mehr über uns selbst zu lernen. Aber wenn wir uns Kritik widersetzen und uns gegen sie verteidigen, vernachlässigen wir unsere Schwierigkeiten und versäumen die Gelegenheit, Unterstützung zu ihrer Lösung zu finden. Weil wir unseren Fehlern nicht entgegentreten, können wir sie nicht ändern, und vergleichbare Schwierigkeiten werden sicherlich in der Zukunft auftreten. Wenn dies geschieht, haben wir vielleicht nicht mehr den Vorteil der Unterstützung, denn unsere negativen Reaktionen auf Kritik haben diejenigen befremdet, die sich um uns kümmern.

Wie Unwille entsteht

Widerstand und Unwille entstehen in uns, wenn wir das Gefühl haben, nicht fair behandelt zu werden. Werden wir gebeten, etwas zu tun, das wir lieber nicht tun wollen, halten wir unsere Energie bei der Arbeit zurück. Obwohl wir für uns selbst neue Möglichkeiten öffnen könnten, indem wir anderen unsere Einwände mitteilen, halten wir unsere wahren Gefühle zurück und finden uns damit ab, zu tun, was getan werden muß. Während unser Widerstand größer wird, wächst auch der Unwille in uns und beginnt, unsere Gedanken und Haltungen zu beeinflussen.

Unser Widerstand kann zunächst so subtil sein, daß wir uns möglicherweise seiner nicht einmal bewußt sind. Aber er wird in den vielen Fehlern sichtbar, die wir machen, unsere Arbeit scheint sich endlos auszudehnen und nie zum Abschluß zu kommen. Da wir nicht bereit sind anzuerkennen, was geschieht, finden wir prompt eine Entschuldigung dafür, die erklärt, warum unsere Arbeit nicht genügend vorangeht. Die subtile Natur unseres Widerstandes macht dies einfach, denn die von uns verursachten Probleme kann man leicht für Schwierigkeiten halten, die unserer Arbeit innewohnen. Wenn wir jedoch genau hinschauen würden, könnten wir sehen, daß unsere Fehler ein Ergebnis unseres Widerstandes gegen wohldurchdachte Planung sind. Wir würden auch feststellen, daß unsere Arbeit deshalb so langsam vorangeht, weil unser Widerstand uns abhält, bei jeder Aufgabe unsere volle Energie einzusetzen.

Die Auswirkungen von Unwillen

Selbst wenn unsere Arbeit scheinbar gut läuft, baut sich langsam Widerwillen auf. Wir finden es sogar schwierig, uns hinzusetzen und mit der Arbeit zu beginnen, denn uns fehlt die Motivation, unsere Arbeit als Herausforderung anzunehmen. Wir verbringen viel von unserer Zeit damit, uns verwirrt zu fühlen oder uns ablenken zu lassen, und unsere Energie wird zerstreut und unkonzentriert. Wir beginnen nach Wegen zu suchen, wie wir unsere Arbeit vermeiden können. Wir machen andere ausfindig, die die gleichen Gefühle von Widerwillen haben und verstärken unseren eigenen Unwillen, indem wir unsere Probleme mit ihnen diskutieren. Obwohl wir wissen, daß unsere Haltung nicht positiv ist, stellen wir uns unserem Unwillen nicht direkt.

Wenn unser Unwille wächst, stellen wir fest, daß uns alles ärgert. Kleinere Störungen können uns in Wut versetzen; und stellen andere unsere Ansicht in Frage, bringt uns das gegen sie auf. Es scheint, als ob jeder Augenblick des Lebens dazu bestimmt ist, uns zu behindern. Es ist leicht, durch eine ärgerliche oder mürrische Stimmung davongetragen zu werden, aber wenn wir genauer hinsehen, werden wir feststellen, daß wir diese feindselige Welt selbst geschaffen haben. Widerstand und Unwille sind ihr eigentlicher Kern.

Wenn wir unwillig sind, ist es leicht, sogar die persönlichen Ziele, die uns am meisten am Herzen liegen, aus dem Auge zu verlieren. Das ist der Grund, warum wir, wenn wir ärgerlich sind, grausame Dinge zu jenen sagen, die wir lieben. Und deshalb riskieren wir es sogar, die Ziele, die wir am meisten schätzen, durch emotionale Ausbrüche zum falschen Zeitpunkt zu untergraben. Unwille kann uns, mehr als jede andere Eigenschaft, von unseren wahren Gefühlen abschneiden und unser Wachstum behindern.

Ehrliche Konfrontation

Wie können wir geschickt mit Widerstand und Unwillen in uns selbst umgehen? Wir können lernen, unseren Schwierigkeiten ehrlich zu begegnen, wie schmerzlich sie auch sein mögen.

Wenn wir gegen unsere Arbeit Widerstand empfinden, können wir lernen, innezuhalten und uns mit der Situation zu konfrontieren. Uns selbst zu beobachten, wenn wir durch Unwillen und Widerstand gehen, zeigt uns, wie wir unsere eigenen Schwierigkeiten fortsetzen und sogar hervorrufen. Diese Einsicht kann in uns die Bereitschaft entstehen lassen, uns zu verändern.

Gefühle von Widerwillen sind ein Zeichen dafür, daß wir uns selbst und unseren Schwierigkeiten nicht entgegentreten wollen. Dieses Verhaltensmuster können wir ändern, indem wir in dem Rat, der uns angeboten wird, nach der Wahrheit suchen und uns erlauben, diese Wahrheit anzuerkennen. Anstatt uns von unserer Arbeit abzuwenden, können wir nach den kreativen Möglichkeiten in ihr suchen. Wir können einen Aspekt in unserer Arbeit finden, der uns interessiert und unsere Energie darauf konzentrieren, bis die positiven Gefühle, die in dieser Arbeit entstehen, Widerstand und Unwillen ersetzt haben. Sobald wir diese positiven Gefühle berühren, können wir sie stärken und erhalten. So transformieren wir eine negative Situation in eine positive Quelle von Einsicht und Klarheit.

Mit dem Widerstand von anderen umgehen

Wir können auch lernen, offen auf Widerstand in anderen zu reagieren. Wenn wir bemerken, daß wir uns dem Widerstand in anderen widersetzen und ihn bekämpfen, fördern wir den Aufbau dieser negativen Energie und blockieren die Möglichkeit guter Zusammenarbeit. Anstatt in solchen Situationen zu kämpfen, können wir uns der positiven Seite der Person zuwenden, die Widerstand empfindet. Wir können es uns erlauben, Mitgefühl mit ihr zu haben, indem wir an Zeiten zurückdenken, in denen wir ähnliche Auseinandersetzungen provozierten und uns erinnern, wie wir uns dabei fühlten.

Jeder Mensch hat etwas, das er mag und das ihm am Herzen liegt, das einen Zugang darstellt, durch den er erreicht werden kann. Wenn wir diesen Zugang finden, können wir beginnen, zu kommunizieren. Indem wir herausfinden, was jemand mag und mit ihm teilen, können wir eine offene und positive Atmosphäre schaffen, die zu gegenseitigem Vertrauen und Respekt führt. Sobald wir eine feste Grundlage für gute Kommunikation geschaffen haben, können wir andere ermutigen, sich ehrlicher auszudrücken und mehr Bereitwilligkeit in ihre Arbeit und ihre Beziehungen zu bringen.

Wieviel befriedigender ist es, voneinander zu lernen, Stärke zu entwickeln und das Wachsen positiver Qualitäten wie Hingabe, Enthusiasmus und Loyalität zu unterstützen. Wenn wir diese Eigenschaften entwickeln und ihre Entwicklung in anderen ermutigen, haben wir viel mehr Energie, mit Problemen bei unserer Arbeit umzugehen; wenn wir in der Lage sind, unsere Widerstände loszulassen, nehmen unsere Motivation und unser Interesse an anderen zu. Wir beginnen, unsere Arbeit als eine Möglichkeit zu Wachstum und Entwicklung zu sehen, und mit dieser Haltung wird es noch einfacher für uns, offen miteinander umzugehen. So schaffen wir einen positiven Kreislauf. Die Arbeitsatmosphäre wird sowohl leichter als auch befriedigender. Wenn Schwierigkeiten auftauchen, suchen wir nicht länger nach Entschuldigungen oder versuchen, anderen die Schuld zuzuschieben; wir übernehmen Verantwortung für die Situation und tun alles, um sie zu lösen. Indem wir die Bereitschaft entwickeln, einander in Schwierigkeiten zu helfen, entwickelt sich Zusammenarbeit auf natürliche Weise und Arbeit geht reibungslos vonstatten.

Übung 16: Vollkommen positive Haltung

Eine einfache Übung, die Sie jeden Morgen machen können, bevor Sie mit der Arbeit beginnen, wird Ihnen helfen, was immer Sie tun, mit einer offenen Bereitwilligkeit anzugehen. Sitzen Sie bequem mit gerade aufgerichtetem Rücken und nehmen sich fünfzehn Minuten Zeit, um sich so vollkommen wie möglich zu entspannen. Lassen Sie jeden Teil Ihres Körpers entspannt sein, bis Sie ein Gefühl von vollkommen offenem Raum haben. In diesem offenen Raum, setzen Sie Ihre Prioritäten für den Tag. Nehmen Sie eine vollkommen positive Haltung sich selbst gegenüber ein und gegenüber dem, was Sie zu tun haben. Während des Tages, seien Sie offen für alles, was entsteht. Erhalten Sie die entspannte, Raum schaffende Qualität, die Sie in allem, was Sie tun, entwickelt haben.

Wenn wir den Mut haben, Unwillen und Widerstand loszulassen und uns wirklich bemühen, eine offene Haltung zu entwickeln, werden wir wachsen, und auch unsere Freunde und diejenigen, mit denen wir arbeiten, werden wachsen. Wenn wir offen sind und klar sehen, bereit, unser Verhalten ehrlich einzuschätzen, werden sowohl unsere Arbeit als auch unser Leben im Fluß und voller Freude sein.

Loslassen

Wir kennen alle die Erfahrung, daß wir uns an einen Namen oder die Antwort auf eine Frage erinnern wollten. Obwohl wir die Antwort wissen, kommt sie uns nicht in den Sinn, so sehr wir uns auch anstrengen.

Wenn wir die Sache auf sich beruhen lassen und uns etwas anderem zuwenden, taucht die Antwort spontan auf. Wenn wir uns zu sehr anstrengen, verhindern wir eigentlich, daß wir die Antwort finden; wenn wir aber das Problem loslassen, uns entspannen und unsere Energie wieder fließen kann, kommt die Antwort wie von selbst.

Diese Qualität des Loslassens kann uns lehren, mit einer fließenden Leichtigkeit zu leben und zu arbeiten, einer ruhigen Herangehensweise selbst gegenüber komplexen Situationen. Wenn wir Probleme, die unseren Körper und Geist einengen, loslassen, setzen wir Energie frei, die in neue und positive Richtungen fließen kann. Loslassen ist befreiend; es bringt das Spiel kreativer Energie in all unsere Handlungen und öffnet uns für neue Möglichkeiten des Denkens und Handelns, für neue Seinsweisen.

Da in unserer Kultur die allgemein verbreitete Tendenz herrscht, an Dingen festzuhalten, kann Loslassen zunächst als eine untaugliche Antwort auf ein Problem erscheinen. Die Redensart »bis zum bitteren Ende« bringt den Wert zum Ausdruck, den wir dem Festhalten an unseren Vorstellungen und Emotionen beimessen. Es ist möglich, daß wir versuchen, unsere Erfahrungen unter Kontrolle zu bringen, indem wir einen festen Standpunkt beibehalten. Schon in der Kindheit wurde uns diese Art von Kontrolle beigebracht. Indem wir sie ausüben, lernen wir eigentlich, sowohl unsere Vorstellungen als auch unsere Gefühle zu unterdrücken oder zurückzuhalten. Wir assoziieren Loslassen mit Aufgeben oder einer Haltung ähnlich dem Verlust der Kontrolle.

Um die Kontrolle aufrechtzuerhalten und um unser Selbstbild zu schützen, oder um andere davon zu überzeugen, daß wir recht haben, entscheiden wir uns manchmal vielleicht dafür, an unserer Sichtweise festzuhalten, selbst wenn wir wissen, daß wir Unrecht haben. Es mag scheinen, daß das Festhalten an einer Position ein Zeichen für Ausdauer und Stärke ist, aber eigentlich verstärkt es eine Starrheit, die unser Blickfeld einengt und uns daran hindert, die Wirklichkeit einer Situation zu sehen.

An Angst festhalten

Was verbirgt sich hinter dieser Starrheit, diesem Bedürfnis nach Kontrolle? Wenn wir in einer verkrampften und unflexiblen Weise auf Schwierigkeiten reagieren, halten wir in Wirklichkeit an Angst fest, obwohl wir uns dessen vielleicht nicht bewußt sind. Wir halten unsere Gefühle im Zaum, weil wir fürchten, uns selbst und unsere Ansichten den Reaktionen anderer Menschen auszusetzen. Ein grundlegender Mangel an Selbstvertrauen führt dazu, daß wir viele unserer Gefühle und wahren Ansichten in uns verschließen.

Lassen wir die Ängste und die Emotionen und starren Anschauungen, die von Angst herrühren, los, beginnen wir die eigentliche Kontrolle über unser Leben zu bekommen. Es wird einfacher, unsere Probleme zu lösen; die Arbeit wird leichter und erfreulicher und unsere Beziehungen werden befriedigender.

Wenn unsere inneren Spannungen abnehmen, sind wir eher in der Lage, unsere Gefühle mit Klarheit zu erfahren. Unsere Emotionen verlieren ihre Kontrolle über uns, denn sie können nur überleben, wenn wir ihnen Energie zuführen. Wir gelangen zu einer klaren Einschätzung jeder Situation, die uns wirkliche Stärke und Vertrauen gibt. Wenn unsere Gefühle und Wahrnehmungen natürlicher fließen, können wir flexibel und mit offenem Herzen auf die Erfordernisse jeder neuen Situation reagieren. Lernen wir loszulassen, ermöglichen wir der Gestalt unseres Wesens sich zu verwandeln.

Wenn wir wirklich loslassen, befreien wir unsere natürliche kreative Energie, so daß sie fließend Teil einer jeden Erfahrung ist. Wir können die Energie, die wir normalerweise in unsere Emotionen und starren Ansichten investieren, dazu verwenden, gesündere und produktivere Lösungen für unsere Probleme zu finden. Indem wir lernen, uns ohne weiteres an die Anforderungen jeder Situation anzupassen und uns auf die Bedürfnisse unserer Mitmenschen einzustellen, wird jede Erfahrung zu einer Gelegenheit, die Wertschätzung für uns selbst und für andere zu vertiefen.

Übung 17: Positionen lockern

Erkennen wir den Wert des Loslassens, fällt es uns leichter, diese Qualität in unserem Alltag zu entwickeln. Wann immer Sie bemerken, daß Sie an einer Position oder Emotion festhalten und unfähig sind, loszulassen, nehmen Sie sich ein paar Minuten Zeit um sich zu entspannen und lassen Sie Ihren Atem sanft und gleichmäßig werden. Dann wählen Sie irgendeine Aufgabe und gehen Sie sanft in sie hinein, vergessen Sie alles andere. Entwickeln Sie eine Qualität von Konzentration, die nicht gezwungen, sondern sehr leicht und sanft ist. Während Sie sich eine Zeit lang auf diese Weise konzentrieren, können Sie beginnen, Ihre geistigen Muster zu lockern und die Energien aufzulösen, die Ihr Wohlbefinden blockieren. Versuchen Sie nicht, über die Probleme, die Sie haben, nachzudenken, sondern investieren Sie einfach Ihre ganze Energie in die von Ihnen gewählte Aufgabe und bleiben Sie dabei, bis sie vollendet ist.

Sobald Sie bemerken, daß nagende Schuldgefühle oder Sorgen Sie wieder in einen ungesunden Geisteszustand zurücklocken wollen, bringen Sie Ihre Aufmerksamkeit sanft zu dem zurück, was Sie tun, und bemühen Sie sich, diese Emotionen mit positiven Gefühlen auszugleichen. Lassen Sie Ihren Geist einfach die positive Energie berühren, die Sie in Ihre Arbeit einbringen und lassen Sie jede negative Tendenz, die entstehen sollte, los. Sie werden feststellen, daß neue Energie verfügbar wird, die Ihnen hilft, unbelastet und unbehindert zu arbeiten.

Veränderung erlauben

Jeder Augenblick bietet neue Gelegenheiten zum Lernen und zum Wachsen; wir müssen es nicht zulassen, daß unsere gewohnheitsmäßigen emotionalen und geistigen Reaktionen uns einschränken und begrenzen. Wir können sie wie Gewürze verwenden, um unser Leben schmackhaft und reichhaltig zu machen. Jede unangenehme Situation ist für uns eine Gelegenheit, zu üben, unser Festhalten an der Negativität loszulassen.

Jedesmal, wenn wir loslassen und uns selbst erlauben, uns zu verändern, können wir von der Fülle an Energie in uns Gebrauch machen und uns weiterem Wachstum öffnen. Ein solches Loslassen erzeugt ein unermeßliches Potential für ein gesundes Leben, da die Mittel, die wir zur Bewältigung unserer Schwierigkeiten entwickeln, gleichzeitig die Mittel sind, die uns das Leben auskosten lassen und durch die wir vom Leben stimuliert werden.

Wenn wir flexibel sind und fähig, uns auf die Erfordernisse selbst schwieriger Situationen einzustellen, werden wir erfolgreich in allem, was wir tun. Wir lernen und verändern uns ständig. Anstatt angestrengt unsere Ziele zu verfolgen, bringen wir eine leichte, fließende Qualität in jede Handlung, die es uns ermöglicht, unsere Ziele mit Leichtigkeit und Freude zu erreichen.

Wenn wir entdecken, daß wir die Fähigkeit haben, alles, was wir uns vornehmen, zu verwirklichen, beginnen wir aufzuwachen und mehr von den Möglichkeiten zu sehen, die das Leben bietet. Wir werden zu unserem eigenen Lehrer und führen uns selbst in eine fließende Interaktion mit unserer Umgebung und mit der Welt. Indem wir uns fortwährend dem Wesen des Daseins öffnen, teilen wir auf natürliche Weise noch mehr mit anderen, und unsere Handlungen werden eher allen Menschen nutzen.

Oberflächlichkeit

Von früher Kindheit an bringt man uns bei, uns so auszudrücken und zu verhalten, daß andere es billigen. Als Kinder sind wir auf natürliche Weise offen; aber wir sind auch abhängig und lernen, indem wir dem Beispiel der Eltern, der Freunde und der Gleichaltrigen nacheifern. Wir folgen ihrer Führung und erhalten dadurch ein gewisses Maß an Sicherheit; unser Leben scheint reibungsloser zu verlaufen, wenn wir uns anderen anpassen. Die meisten von uns lernen früh, unsere Vorstellungen und Handlungen eher auf die an uns gerichteten Erwartungen zu stützen als auf das, was für uns bedeutungsvoll ist. Schließlich werden wir möglicherweise so abhängig von den Maßstäben anderer, daß wir nicht mehr wissen, was wir wirklich fühlen.

Ehrlichkeit verstärken

Wenn wir uns auf oberflächliche Urteile und Wahrnehmungen verlassen, ist es schwierig, unter einer gefälligen Fassade die Wahrheit der zugrundeliegenden Gefühle zu sehen. Wir halten vielleicht alle, die süße Worte sprechen und scheinbar mit unseren Ansichten übereinstimmen, für liebevoll und warmherzig – bis sie sich in schwierigen Zeiten von uns abwenden und uns verwirrt und ohne Unterstützung zurücklassen. Wenn wir solche Handlungen geschehen lassen, ohne uns selbst ehrlich damit zu konfrontieren, verstärken wir die Gewohnheit, oberflächlich zu sein in uns und anderen. Weil viele der Menschen um uns herum sich genauso verhalten, werden die Muster von Oberflächlichkeit selten hinterfragt.

Die Gewohnheit von Oberflächlichkeit ist bequem, sogar beruhigend, denn sie bedeutet, daß wir uns selten unsere eigenen

Unzulänglichkeiten ansehen müssen. Aber indem wir eine glatte Fassade, harmlose Lügen und die vielen oberflächlichen Spiele kultivieren, begrenzen wir unsere Möglichkeit, Formen eines ehrlichen Verhaltens zu entwickeln. Unserem Leben fehlt es an Tiefe, denn wir haben uns selbst von der Wahrheit unseres inneren Wesens abgeschnitten.

Es wird gesagt, daß ein Mensch im Durchschnitt zweihundertmal am Tag lügt. In der Schule, zu Hause und bei der Arbeit werden wir ermutigt, harmlose Lügen zu benutzen, um unser Gesicht zu wahren oder die Gefühle anderer nicht zu verletzen. Die meisten dieser Lügen sind oberflächliche Antworten, die andere hören wollen. Wenn man uns fragt: »Wie geht es Ihnen?«, sagen wir: »Gut«, während wir uns in Wahrheit nicht gut fühlen. Erwachsene zeigen Kindern jedoch durch ihr Beispiel, daß sogar auch weniger harmlose Lügen akzeptabel sind. Eine Lüge führt zur nächsten, und sogar wenn eine ehrliche Antwort erwartet wird, vermeiden wir es möglicherweise, sie zu geben. Auch wenn viele Gefühle in uns entstehen mögen, wir verbergen sie.

Wir sind freundlich und kooperativ, solange unser Umgang mit anderen auf einer oberflächlichen Ebene bleibt; wenn wenig Anforderungen an uns gestellt werden, fühlen wir uns wohl. Aber wenn wir ein wenig über unsere üblichen Grenzen hinaus gefordert werden, verschwindet unsere freundliche Haltung bald. Auch dann gelingt es uns noch, eine glatte Fassade aufrechtzuerhalten, indem wir jeglichen Widerwillen, den wir vielleicht empfinden, verbergen. Aber während wir so tun, als ob alles in Ordnung wäre, bauen sich in uns allmählich Gereiztheit und Unzufriedenheit auf.

Innere Wahrheit zulassen

Welchen Wert hat es, so zu leben? Wenn wir oberflächlich leben, bleiben unsere Fähigkeiten und Gefühle unter diesen subtilen Spielen und Manipulationen, unter dem Gewicht der Unzufriedenheit, die ein Teil unseres Lebens wird, begraben. Wir sind nicht in der Lage, Vergnügen oder Freude sehr tief zu erfahren; oft sind die Gefühle, die uns am meisten Zufriedenheit geben, durch Schuld oder Befürchtungen gefärbt. Je mehr wir unser inneres Wesen unterdrücken, desto mehr Druck bildet sich in uns und blockiert den Fluß unserer Handlungen und Beziehungen zu anderen. Diese Unterdrückung kann sogar zu extremen Verhaltensweisen führen, die ein Ventil sind für die Energien, die so fest in uns verschlossen sind.

Wenn wir unsere oberflächlichen Werte in unsere Arbeit hineintragen, werden wir möglicherweise geübt darin, den Eindruck zu erwecken, daß alles gut läuft. Können wir einen Termin nicht einhalten, finden wir dafür tausend Gründe: Material wurde nicht rechtzeitig geliefert, Informationen waren nicht zugänglich, jemand war für mehrere Tage krank. Unsere Begründungen mögen zu unserem Vorteil hieb- und stichfest sein. In so einem Augenblick scheint allein der Gedanke, ehrlich zu sein, bedrohlich, denn eine ehrliche Reaktion würde unsere Gleichgültigkeit bloßstellen oder unseren Mangel an Bereitschaft, das zu tun, was die Arbeit erfordert.

Wir mögen den Anschein aufrechterhalten, beschäftigt zu sein, aber tatsächlich geben wir so wenig wie möglich Konzentration und Energie in unsere Arbeit. Weil wir auf einer oberflächlichen Ebene handeln und arbeiten, erinnern wir uns oft nicht an die geringsten Einzelheiten dessen, was wir vor einer Woche oder sogar gestern getan haben. Es fällt uns schwer, uns an das zu erinnern, was wir geschafft haben, oder genau zu bestimmen, in welche Richtung wir gehen.

Es liegt im Wesen der Oberflächlichkeit, unsere Wahrnehmung der Realität zu trüben. Sie hält uns in einer Lebensweise gefangen, die selbst unsere Freizeitaktivitäten hohl und enttäuschend werden läßt. Weil wir in uns selbst so wenig Erfüllung finden, suchen wir vielleicht in materiellen Dingen und sozialem Erfolg nach Glück und Zufriedenheit. Diese Dinge könnten unsere Erfahrung bereichern, aber da wir unfähig sind, sie richtig zu würdigen, können wir nicht wirklich lernen, ihren Wert zu erkennen.

Wenn uns jemand auf die Oberflächlichkeit unseres Lebens hinweist, mögen wir es abstreiten; vielleicht sehen wir es nicht einmal. Sogar wenn wir innerlich zustimmen, wissen wir möglicherweise nicht, wie wir ehrlich antworten können. Wir scheinen unwillig zu sein, die Wirklichkeit genauer anzuschauen und sind mißtrauisch jenen gegenüber, die sich bemühen, ehrlich und im Einklang mit sich selbst zu leben. Anstatt Ehrlichkeit zu ermutigen, weisen wir diese Eigenschaft bei anderen vielleicht zurück. So müssen jene, die versuchen, ein ehrliches Leben zu führen, eine zusätzliche Bürde tragen, die es ihnen erschwert, zu wachsen oder auch nur zu überleben.

Dem Herzen zuhören

Wahrhaftigkeit lohnt die Mühe. Ehrlichkeit ist wie Gold; ihr Wert ist unschätzbar. Wenn wir mit uns selbst und anderen ehrlich sind, bringt das Licht der Wahrheit in all unsere Vorstellungen und Handlungen Klarheit. Indem wir unsere Sinne der wahren Qualität des Lebens öffnen, können wir unser inneres Wesen entwickeln, und unsere Selbsterkenntnis führt zu einer neuen und offenen Perspektive. Selbst unter schwierigen Umständen bleiben wir zufrieden und ruhig.

Wir führen ein oberflächliches Leben, nur weil wir uns entscheiden, die Botschaften unseres Herzens und unseres Geistes nicht zu beachten. Wir können uns genauso einfach entscheiden, beim nächsten Mal auf unser Herz zu hören, wenn es uns sagt, daß wir unseren Freund belogen haben, oder wenn wir uns das nächste Male schuldbewußt fühlen, weil wir Ausreden suchen. Die Entdeckung der wahren Qualität unseres inneren Wesens ist kein Geheimnis, denn unser Geist und unsere Sinne sind begierig, uns alles über uns selbst mitzuteilen. Wir brauchen nur zuzuhören.

Unter die Oberfläche vordringen

Wir können die oberflächliche Qualität, die wir in unsere Arbeit und unsere anderen Aktivitäten bringen, in Frage stellen, indem wir unsere Bewußtheit entwickeln. Sehen wir Arbeit als eine Quelle für Wachstum und Kreativität an, finden wir eine fließende Energie, die uns zu jedem gewählten Ziel trägt. Befreit von Angst und Schuldgefühlen, die uns immer begleiten, wenn wir unsere Ziele nicht erreichen, berühren wir eine Quelle von Energie und Motivation. Diese Quelle ist größer, als wir es für möglich hielten. Das Leben wird reich und lebendig.

Wenn wir die *innere Kunst der Arbeit* anwenden, um unser Leben zu bereichern und unser kreatives Potential in all unsere Handlungen bringen, können wir zum Herzen unseres wahren Wesens vordringen. Wir gewinnen dann Verständnis vom grundlegenden Sinn des Lebens, und wir schätzen die Freude, die wir finden, wenn wir unsere kostbare Zeit und Energie gut nutzen.

Manipulation

Im Verlauf unserer Geschichte haben wir immer wieder nach Wegen für ein harmonisches Zusammenleben gesucht. Wir haben idealistische Verhaltensstandards entwickelt, die uns auffordern, an Qualitäten wie Liebe und Ehrlichkeit, Selbstlosigkeit und Mitgefühl für andere festzuhalten. Wenn wir am Wohlergehen aller Menschen interessiert sind, entwickeln wir von selbst diese Eigenschaften in uns, denn sie tragen zu Gleichgewicht und Harmonie in der Welt bei. Ist unsere Motivation jedoch ichbezogen, kann es sein, daß wir auf eine Weise denken und handeln, die sowohl für uns selbst als auch für andere auf subtile Weise zerstörerisch wirkt.

In Tibet gibt es ein Sprichwort: »Der Pinsel des Künstlers kann jedes beliebige Bild malen.« Genauso wie der Künstler den Pinsel auf jede gewünschte Weise gebrauchen kann, ohne Regeln oder Richtlinien zu beachten, so können auch wir unsere Handlungen, Gefühle und Anschauungen für jeden Zweck einsetzen, ohne dabei die Wahrheit oder Wirklichkeit der jeweiligen Situation zu berücksichtigen. Wenn wir Achtung für die menschliche Natur zu Gunsten der Verwirklichung ichbezogener Ziele ausklammern und bereit sind, andere für unsere eigenen Zwecke zu manipulieren, tragen wir bewußt zu einem Muster bei, das unsere wichtigsten Traditionen und Werte schwächen und verdrängen kann.

Manipulation hat eine subtile, durchdringende Qualität; obwohl wir sie als einzelne anwenden, kann sie unbemerkt unsere ganze Gesellschaft durchdringen. Wir können das auf jeder Ebene des Lebens sehen, angefangen bei dem Kind, das einen Elternteil gegen den anderen ausspielt, bis hin zu Regierungen, die Nationen und Menschen wie Figuren auf einem Schachbrett bewegen, damit sie ihre Macht und ihren Reichtum vergrößern können. Das Problem ist unglaublich vielschichtig, denn es ist von Millionen einzelner Menschen geschaffen worden, die jeder für sich kleine Manipulationen vornehmen, um ihre eigenen Interessen zu wahren. Ob wir andere manipulieren oder ob wir es zulassen, selbst manipuliert zu werden, jeder von uns trägt dazu bei, daß die Qualität und der Wert des Lebens langsam untergraben werden.

Integrität bewahren

Indem wir lernen, Manipulation mit Erfolg gleichzusetzen, erscheinen positive Eigenschaften wie Ehrlichkeit zunehmend als naiv. Nach und nach geben wir den Wert von Wahrheit und Integrität auf, und die gesamte Lebensqualität beginnt zu schwinden. Unser Leben scheint reibungslos zu verlaufen; unsere Arbeit mag gut geplant und koordiniert sein, und wir machen vielleicht gute Fortschritte. Aber unter der Oberfläche herrscht eine schwer faßbare, fast schon verstohlen anmutende Qualität, aus dem Wissen geboren, daß menschliche Werte verleugnet werden.

Manipulation macht sich unsere Schwächen zunutze; sie berührt unsere tiefsten Ängste und unsere stärksten Wünsche und zieht ihre Kraft aus unserem eigennützigen Verlangen. Andere überzeugen uns davon, daß wir ›Bedürfnisse‹ haben, die für unser Wohlbefinden oder Glück entscheidend sind, und wir werden begierig, bestimmte Produkte zu erwerben oder bestimmten Anschauungen zu folgen. Obwohl wir meinen, uns selbst etwas Gutes zu tun, unterwerfen und verkaufen wir uns tatsächlich dem Einfluß anderer.

Warum wir Verantwortung abgeben

Indem sie unter Berufung auf ein Ideal Autorität beanspruchen, können geschickte Manipulateure Emotionen schüren, die uns zu einem Handeln veranlassen, das unseren eigentlichen Interessen nicht dienlich ist. Würden wir in solchen Situationen innehalten und genauer hinschauen, könnten wir möglicherweise zu dem Schluß gelangen, daß wir mit dem Geschehen ganz und gar nicht einverstanden sind. Es ist jedoch nicht einfach, uns einzugestehen, daß wir so leicht zu beeinflussen sind, besonders dann nicht, wenn wir dazu gebracht wurden zu glauben, daß wir einem erstrebenswerten Ziel folgen. Wir wollen nicht zugeben, daß wir manipuliert werden, denn häufig mögen wir das, in das wir hineingezogen wurden, und wir schätzen uns vielleicht glücklich, in eine, wie wir meinen wertvolle Tätigkeit eingebunden zu sein. Wir verlieren den Blick für die Realität und geben die Verantwortung für ein selbständiges klares Denken auf; denn wenn wir anderen gestatten, uns zu manipulieren und zu kontrollieren, gestatten wir ihnen auch, für uns zu denken.

Selbst wenn wir bemerken, daß wir manipuliert werden, ist es viel einfacher auf der bequemen und sicheren Seite zu bleiben, als sich der Situation ehrlich zu stellen. Wir halten an unserer Sicherheit fest, vermeiden Konflikte und Risiken, und bevor wir es selbst wissen, sind wir in unseren Ängsten und Wünschen gefangen.

Es fällt uns leicht, selber Situationen zu manipulieren. Wir suchen uns Personen aus, die weniger aggressiv sind als wir, kontrollieren und manipulieren sie und ziehen Nutzen aus ihrer Passivität, um auf unserem Weg voranzukommen. Vielleicht geben wir uns den Anschein von Hilflosigkeit, um andere dazu zu bringen, Aufgaben zu übernehmen, die wir nicht tun wollen. Manchmal sind wir zu anderen nur freundlich, um zu bekommen, was wir von ihnen wollen, oder wir setzen unseren Charme ein, um andere auf unsere Seite zu bringen.

Eigene Anschauungen und Gefühle aufs Spiel setzen

Manipulation hat viel Ähnlichkeit mit Lügen: Wenn wir einmal damit anfangen, verfallen wir in Muster der Täuschung, denen wir fast nicht mehr entkommen können. Manipulation ist ein zweischneidiges Schwert, denn wir können nicht andere manipulieren, ohne dabei unsere eigenen Anschauungen und Gefühle aufs Spiel zu setzen. Unserer eigenen Unehrlichkeit und der Unehrlichkeit anderer ausgesetzt, wird unser Wesen allmählich durch Schichten von Täuschung zugedeckt. Unsere Energie kann nicht frei fließen und unsere Wahrnehmung bleibt eng und begrenzt. Indem wir versuchen, den Ausgang von Ereignissen in unserem Leben zu bestimmen, setzen wir unserem eigenen Verhalten sowie dem Verhalten anderer bestimmte Grenzen. Wir meinen, daß wir uns dagegen schützen müssen, ehrlich zu sein, denn das Enthüllen unserer innersten Gefühle könnte unsere selbstbezogene Motivation zu Tage bringen. Wir sind berechnend in der Begegnung mit anderen und unterhalten gekünstelte Beziehungen, die dem Schutz unseres Selbstbildes dienen.

Vielleicht bemerken wir nicht einmal, daß wir dadurch die Kanäle unserer Kommunikation einengen und persönliche Freiheit verhindern. An der Oberfläche wirken wir vielleicht selbstbewußt, innerlich sind wir jedoch sowohl im Denken als auch im Handeln verwirrt. Indem wir in unseren Beziehungen künstliches Verhalten fördern, haben wir den Kontakt zu unserem kostbarsten Besitz verloren, unserer offenen und empfänglichen menschlichen Natur.

Bemühen um Kontrolle

Wenn wir versucht sind, eine Situation zu manipulieren, ist es besonders wichtig, uns zu vergegenwärtigen, daß Manipulation uns keine wirkliche Kontrolle gibt. Viele, die sich auf diese Methoden verlassen, glauben, daß sie selbst frei sind von jeglichen Konsequenzen. Das Wesen der Manipulation hat aber nicht nur eine Seite. Da der Zweck der Manipulation nicht das Wohlergehen aller Menschen mit einschließt, können wir letztendlich ihre Auswirkungen nicht kontrollieren. Wenn wir andere getäuscht haben, um ein selbstsüchtiges Ziel zu erreichen, werden wir vielleicht eines Tages unsererseits getäuscht. Anstatt den Ausgang von Ereignissen zu bestimmen, werden wir letztendlich alle zum Opfer unserer unaufrichtigen Motive, den Verletzungen und Enttäuschungen ausgesetzt, die wir anderen zugefügt haben.

Selbst mit einem Bewußtsein für die weitreichenden Konsequenzen der Manipulation ist es schwierig, der Wahrheit ins Auge zu sehen, besonders dann, wenn Manipulation eine feste Grundlage für unsere alltägliche Routine bildet. Daher müssen wir genau und mit Verstand betrachten, wie wir arbeiten, wie wir denken und wie wir mit anderen zusammenarbeiten. Obwohl wir nun bis zu einem gewissen Grad ehrlich sind, werden wir, wenn wir noch tiefer schauen, sehen, daß es viele Ebenen von Ehrlichkeit gibt und es an jeder Stelle eine entsprechende Ebene von subtiler Manipulation gibt. Wenn wir uns selbst genau betrachten, können wir zur Wahrheit durchdringen und uns der Qualität unserer Motivation bewußt werden.

Ehrlichkeit wirkt Manipulation entgegen

Obwohl es nicht realistisch erscheint, der Manipulation auf der Ebene der Gemeinschaft oder auf der globalen Ebene entgegenzutreten, können wir uns ändern, jeder für sich. Wenn wir zu unseren Vorstellungen stehen und unsere Belange und Gefühle ehrlich artikulieren, regen wir in allen Bereichen unseres Lebens Fortschritt und Wachstum an. Indem wir unsere Fähigkeit, ehrlich zu sein, weiter vergrößern, kann unser heilsames Beispiel auch andere dazu bringen, mit ihrem Leben ehrlicher umzugehen.

Ehrlich zu sein kann zu klarem Denken, zu Stärke oder Gewißheit und zu einer genauen Sicht der Realität führen. Sind wir ehrlich, dann sind wir frei, uns spontan auszudrücken und auf die Erfordernisse einer Situation angemessen zu reagieren. Aber es ist nicht leicht, diese Ehrlichkeit zu erlernen, denn sie kann häufig zu Konfrontation, Kritik und Widerwillen führen.

Wenn wir unsere Motivation näher betrachten, sehen wir, daß wir häufig versuchen, andere zu manipulieren, um eine negative Reaktion zu vermeiden. Wenn wir zum Beispiel ein Kind schelten, das etwas Gefährliches tut, oder wenn wir auf die Fehler von jemand anderem aufmerksam machen, werden wir als streng oder unfreundlich angesehen, und unser Verhalten wird uns verübelt, ganz gleich, wie sorgfältig wir unsere Worte wählen. Deshalb entscheiden wir uns oft für eine ›freundlichere‹ Umgangsweise mit solchen Situationen. Wir bestechen das Kind mit Süßigkeiten, damit es brav ist, oder wir lassen die Fehler unseres Freundes unbeachtet, um gute Gefühle in der Freundschaft zu bewahren. Um unbeschwerte Beziehungen aufrechtzuerhalten, arrangieren wir uns stillschweigend selbst mit solchen Dingen, von denen wir wissen, daß sie falsch sind.

Zu den Zeiten ehrlich zu sein, in denen wir normalerweise auf Manipulation zurückgreifen, ist nicht leicht. Wir fragen uns vielleicht sogar, ob es klug ist, ehrlich zu sein, denn wenn wir unsere wahren Auffassungen offenbaren, setzen wir uns der Ablehnung durch andere aus, und das kann sogar unsere Arbeit noch mehr erschweren. Wahrheit hat eine offene, strahlende, ungeschminkte Qualität, der direkt gegenüberzutreten wir nicht gewohnt sind und die sowohl auf uns selbst als auch auf unsere Mitmenschen beunruhigend wirken kann. Aber obwohl wir uns vielleicht einiger unserer Werkzeuge beraubt fühlen, wenn wir Manipulation aufgeben, werden wir bald schon wesentlich wirksamere Werkzeuge finden: Ehrlichkeit, klare Kommunikation, Vertrauen in unsere Fähigkeiten und Festigkeit in unseren Ansichten und Überzeugungen.

Übung 18: Unehrlichkeit bemerken

Wenn Sie das nächste Mal bei der Arbeit mit jemandem in Beziehung treten, betrachten Sie das Wesen Ihrer Motive; sehen Sie, ob Sie die Situation manipulieren. Während Sie sprechen, achten Sie auf Ihre Gedanken, Gesten und Worte. Sind Sie sich nicht sicher, ob Sie manipulativ sind oder nicht, dann bitten Sie um eine Rückmeldung. Selbst wenn Sie das, was Sie hören, nicht mögen, hören Sie genau zu, ohne sich zu verteidigen.

Indem Sie weiterhin Ihre Interaktionen mit anderen beobachten und in Ihrer Kommunikation Ehrlichkeit und Sorgfalt entwickeln, werden Sie über Ihre eigenen Motive und die der anderen Klarheit und unterscheidende Bewußtheit entwickeln, die Stabilität und Stärke in Ihr Leben bringen werden.

Natürliche Belohnung für Ehrlichkeit

Wenn wir ehrlich sind, geistig offen und in Verbindung mit unseren Gefühlen, erlangen wir ein klareres Verständnis unserer selbst und dessen, was in der Welt und in unserem Leben geschieht. Dieses Verständnis steigert die Integrität unseres Lebens und ermöglicht einen freien Ausdruck unserer selbst. Wir haben Kontrolle über die Situation, nicht als Ergebnis von geschickten Schachzügen, sondern als natürliche Konsequenz unseres ehrlichen und verantwortungsvollen Handelns.

Indem wir für unsere Ehrlichkeit Verantwortung übernehmen, weiten wir den Raum und die Möglichkeit, ehrlich zu sein, auch auf andere aus. Diese gesunde Haltung beginnt sich in derselben Weise auszubreiten, wie die Muster der Manipulation sich ausgebreitet haben. Wenn wir die Eigenschaften in unser Leben bringen, die unsere Einsicht vertiefen, sehen wir, wie diese sich in unseren Kollegen, unserer Familie und selbst in der Gesellschaft widerspiegeln. Unser unmittelbares Ziel ist es, unsere eigene Erfahrung zu verbessern, aber indem wir wirklich Ehrlichkeit und Fürsorge entwickeln, nutzen wir auch anderen. Unsere Stimmung wird heller; unsere Toleranz für die Ansichten anderer vergrößert sich; wir strahlen eine gesunde Energie aus, wodurch sich unsere Mitmenschen entspannt und wohl fühlen. Auf diese Weise ziehen positive Einstellungen immer weitere Kreise und erhöhen die Lebensqualität, wo immer sie wahrgenommen werden.

Wettbewerb

Wettbewerb findet man fast in jedem Bereich des Lebens. Er ist die Grundlage fast aller Sportarten und Spiele und hat auch in der Wirtschaft sowie in unserem persönlichen Leben einen hohen Stellenwert. Wir sind ständig damit beschäftigt, wer am schnellsten, am klügsten, am reichsten, am besten ist. Unter Gelehrten, Philosophen und Religionsführern gibt es ein ständiges Bemühen, korrekter, origineller oder frömmer zu sein als alle anderen. Sogar Liebende strengen sich an, um sich gegenseitig ihre Geschicklichkeit in Liebesdingen zu beweisen.

Wenn wir davon absehen, uns auf das Gewinnen zu konzentrieren und das Bemühen eines Jeden gleichermaßen schätzen, kann Wettbewerb eine sehr positive, motivierende Kraft sein. Er kann uns lehren, unsere Fähigkeiten mehr zu würdigen und auch zu Wertschätzung und größerem Respekt für die Fähigkeiten anderer führen. Leider ist Wettbewerb der Weg zu Erfolg und Macht, in Wirtschaft, Politik, Erziehung und sogar in sozialen Interaktionen und wird für gewöhnlich benutzt, um egoistische Ziele zu erreichen. Anstatt mit andern zu wetteifern, konkurrieren wir gegen sie. Wenn Wettbewerb zum Kampf wird, verliert er seine Kraft zu inspirieren und wird statt dessen eine Form von Druck, die Disharmonie in unserem Geist und unseren Sinnen erzeugt und das natürliche Gleichgewicht unseres Lebens stört.

Wettbewerb schafft Barrieren

Indem wir mit anderen konkurrieren, um Erfolg zu haben, vergrößern wir die Distanz zwischen uns selbst und anderen. Wir sind so sehr mit unserem Streben nach Erfolg beschäftigt, daß wir leicht die Gefühle und Hoffnungen unserer Mitmenschen übersehen. Wir sind bereit, andere zu manipulieren, um zu beweisen, daß wir besser sind als sie, und schnell sind sogar die Wünsche und Bemühungen unserer Freunde untergraben. Die Feindschaft und das Mißtrauen, die aus dieser Art von Wettbewerb resultieren, können Schranken zwischen uns und anderen errichten, die für uns unüberwindbar sind.

Der Drang zu gewinnen bringt uns dazu, statt der guten die schlechten Eigenschaften unserer Mitmenschen mehr hervorzuheben, damit wir erfolgreicher erscheinen; wir lernen, auf die Schwächen anderer hinzuweisen, um selbst erfolgreicher zu erscheinen. Aber was ist der Preis für dieses Verhaltensmuster? Profitieren wir langfristig davon, andere so zu behandeln? Sind wir wirklich besser als sie, oder gehen wir von einer falschen Grundlage aus? Obwohl wir vielleicht über andere lachen, wenn wir uns selbst ehrlich anschauen würden, was gäbe es da zu lachen?

Wenn wir den Kontakt mit menschlichen Werten verlieren, sind wir abgeschnitten von den befriedigenden Gefühlen, die aus gegenseitiger Anteilnahme entstehen. Gefangen in der Faszination und Aufregung, die durch Gewinnen ausgelöst werden, sind wir auf die Erregung des Augenblicks angewiesen, um Erfüllung zu finden. Manchmal setzen wir sogar durch gefährliche Handlungen unser Leben aufs Spiel, um diese Augenblicke zu erlangen.

Während unser Verlangen zu gewinnen an Stärke zunimmt, wird Wettbewerb zum Selbstzweck und ersetzt sinnvolles Handeln. Wir streben nach immer größerer Spezialisierung in Bereichen, wo wir sicher sind, zu gewinnen, und schaffen so die Grundlage für immer ausgeprägtere Rivalitäten. Wir verlieren die Möglichkeit, mit anderen zu teilen und verlieren Interesse an Dingen außerhalb unseres Wirkungskreises. Die Energie, die wir nutzen könnten, um eine gesunde Einstellung in unserer Arbeit zu entwickeln, ist statt dessen auf kleinliche Eifersüchteleien gerichtet. Wir werden immer mehr der Offenheit und Kooperation entfremdet, den wirklichen Quellen menschlicher Zufriedenheit. Solange wir in Konkurrenzdenken gefangen sind, können weder unsere Arbeit noch unsere Beziehungen wirklich befriedigend sein.

Der Druck, erfolgreich zu sein

Konkurrenzdenken kann uns so in Fleisch und Blut übergehen, daß wir es für eine natürliche menschliche Eigenschaft halten; aber tatsächlich lernen wir es zu Hause, in der Schule, bei der Arbeit. Wir geben es an unsere Kinder weiter und treiben sie zum Wettbewerb an, weil wir möchten, daß sie erfolgreicher sind als wir es waren. Dieser Erfolgszwang jedoch lehrt unsere Kinder oft nur, Versagen zu fürchten, eine Furcht, die allmählich ihr Selbstvertrauen untergräbt und tatsächlich ihren Erfolg verhindert. Vielleicht drängen wir unsere Kinder zum Wettbewerb, weil wir glauben, das würde ihren Leistungswillen anspornen. Aber eine Motivation, die alleine Erfolg betont, kann keine ausgewogene Entwicklung aller ihrer Fähigkeiten fördern.

Um Erfolg zu haben, konzentrieren wir uns nur auf einige unserer Talente und begrenzen so unser größeres Potential. Solange wir erfolgreich sind, ist alles in Ordnung; aber sollten wir versagen, kann die Enttäuschung unser Vertrauen erschüttern und uns für den Rest unseres Lebens stark beeinflussen. Solange Wettbewerb uns dazu bringt, unsere Fähigkeiten auszubeuten, wird wirkliche Leistung durch Frustration und Versagen verhindert.

Wenn wir Zusammenarbeit mehr betonen würden als Wettbewerb, würden wir uns von selbst sicherer fühlen, hätten mehr Vertrauen in unsere Fähigkeiten und weniger das Bedürfnis, auf Kosten anderer zu siegen. Aber wir klammern uns an gewohnte Verhaltensweisen, wir konkurrieren, unabhängig von den möglichen Folgen, weil wir glauben, daß dies der Norm entspricht.

Übung 19: Kooperativer Wettbewerb

Wenn wir die Rolle prüfen, die Wettbewerb in unserer Arbeit spielt und die Wirkung, die er auf unser Leben hat, können wir sehen, daß es oft unsere Ängste und Enttäuschungen sind, die uns zur Konkurrenz anstacheln. Nehmen Sie sich die Zeit und lassen die Vergangenheit vor Ihrem inneren Auge vorbeiziehen. Betrachten Sie die verschiedenen Formen von Wettbewerb, die Sie bisher eingegangen sind. Wie groß war der Erfolgsdruck, der auf

Ihnen lastete? Hatten Sie Angst zu versagen? Erinnern Sie sich, wie Sie sich fühlten, als Sie gewonnen oder verloren haben? Als sie gewannen, haben Sie sich um jene gekümmert, die verloren haben? Wenn Sie sehen, wie Wettbewerb Sie beeinflußt hat, können Sie verstehen, daß andere oft die gleichen Gefühle haben, die Sie empfunden haben. Sie werden sehen, daß Wettbewerb in der Regel für alle Beteiligten Schmerz verursacht, und Sie können diese Einsicht nutzen, um größeres Mitgefühl für andere und für sich selbst zu entwickeln.

Es ist jedoch nicht leicht, den Glanz von Erfolg und Genugtuung unseres Selbst aufzugeben, sogar wenn wir wissen, daß dies oberflächlich ist und von kurzer Dauer. Aber wenn uns wirklich an unserem persönlichen Wachstum liegt und daran, Wege zu finden, um unser Leben zu verbessern, dann müssen wir dieses Anliegen in all unsere Beziehungen einbringen: zu Mitarbeitern, Familie und Freunden. Wenn wir lernen, andere liebevoller zu behandeln, und wenn wir lernen, ehrlicher mit uns selbst zu sein, verliert Wettbewerb um des Sieges willen seine Macht über uns. Angesichts unserer wachsenden Stärke entfällt der Wettbewerb und wird durch menschliches Verstehen und menschliche Anteilnahme überwunden. Indem wir mehr über die wirkliche Natur der Menschlichkeit lernen, kommen wir der Quelle wahrer menschlicher Werte näher. Unsere Mitmenschen antworten auf unsere Stärke und unser Wissen mit Offenheit und Wertschätzung, und anstatt gegeneinander zu wetteifern, um zu gewinnen, können wir einander helfen zu wachsen.

Die Furcht vor Versagen loslassen

Wir können die Erfolge unseres Lebens genießen und in gesundem Wettbewerb Erfüllung finden, wenn wir die Freude über Erfolg ins Gleichgewicht bringen mit einer Bereitschaft, auch unsere Mißerfolge anzuerkennen und von ihnen zu lernen. Das bedeutet: wenn wir unser Bestes geben, können wir für unsere Erfahrung dankbar sein, sogar wenn wir scheitern. Denn sie kann uns zeigen, wo wir unsere Fähigkeiten verbessern können. Anstatt einer Wettbewerbssituation übermäßige Bedeutung beizumessen, können wir sie mit Bescheidenheit betrachten und geben ihr die Möglichkeit, uns zu lehren, uns selbst besser kennenzulernen. Wir brauchen nicht länger Versagen zu fürchten, denn wir können sehen, daß das schlimmste Ergebnis nicht Versagen ist, sondern unsere Enttäuschung über uns selbst.

Wenn wir den Druck lockern, der durch Enttäuschung und Versagensangst verursacht wird, werden Arbeit und Leben reich und erfüllend. Es gibt keinen Grund, diesen Druck unser Leben bestimmen zu lassen; wir können stattdessen lernen, gemeinsam zu leben und zu arbeiten. Unsere Arbeit wird reibungsloser, sinnvoller und lohnender. Unser Gefühl von Zufriedenheit im Leben wird sich vertiefen und wir können unsere Wertschätzung mit anderen teilen. Indem wir andere dazu bewegen, sich gegenseitig zu unterstützen, werden wir feststellen, daß unsere eigene Wertschätzung stärker wird und unser Verständnis sich vertieft.

Ebenso wie Wettbewerb mehr Wettbewerb fördert, so inspiriert Zusammenarbeit Liebe und Anteilnahme bei jenen, die sie empfinden und empfangen. Wenn wir alle anderen als Freunde sehen in einer gemeinsamen Suche nach Erfüllung, teilen wir den Reichtum menschlicher Erfahrung. Wenn wir alle zusammenarbeiten anstatt in nutzloser und einengender Weise miteinander zu konkurrieren, sind die Möglichkeiten für wirkliche Unterstützung und Anteilnahme unbegrenzt.

TEIL DREI

Teilen

Wenn wir unsere Anteilnahme in andere investieren, wachsen unsere positiven Gefühle und breiten sich aus; andere Menschen antworten ihrerseits mit Liebe, und der Reichtum dieser gemeinsamen Erfahrung hebt überall die Lebensqualität an. Unsere Anteilnahme und Freude wachsen, und wir stärken unsere Fähigkeit, unsere Sorge für andere zu vertiefen und auszudehnen. Wenn wir unser Leben auf Anteilnahme gründen, haben unsere Beziehungen eine stabile und gesunde Grundlage, und wir haben die Stärke, mit allen Erfahrungen geschickt umzugehen.

Der Gebrauch unserer menschlichen Ressourcen

Wir alle hätten mehr von der Arbeit und vom Leben, wenn wir weniger besitzen würden. Damit ist nicht gesagt, daß wir alles weggeben und versuchen müßten, von nichts zu leben oder uns schuldig fühlen müßten, weil wir genießen, was wir haben. Es bedeutet, daß präzises und effizientes Leben und Arbeiten, und nur so viel zu nehmen, wie wir brauchen, Schönheit in sich birgt. Dies führt zu innerem Gleichgewicht und zu einem Gefühl friedvoller Übereinstimmung mit allem um uns herum. Diese unmittelbare Verbindung zu Werten, diese Klarheit über das, was wir wirklich brauchen, kann aber getrübt werden, wenn wir zu viel besitzen.

Obwohl unser Besitz uns selten dauerhaft zufriedenstellt, neigen wir dazu zu denken, daß Wertschätzung für das Leben lediglich bedeutet, viele Dinge zu besitzen. Unser Leben wird überladen mit Besitz, und auch wenn wir gelegentlich versuchen, uns von Dingen, die wir nie benutzen, zu trennen, ersetzen wir schon bald das Wegeworfene.

Der Druck, mehr zu besitzen

Diese Haltung gegenüber Gütern und Besitz wird durch unsere Kultur ständig verstärkt. Von Freunden, Familie und Kollegen verspüren wir unterschwelligen Druck, mit dem materiellen Lebensstandard Schritt zu halten. Durch den Überfluß und Reichtum um uns herum, werden wir ermutigt, Verhaltensmuster der Unmäßigkeit zu leben. Obwohl wir uns vielleicht wegen der Zerstörung unserer Wälder und dem desolaten Zustand unserer

Natur Sorgen machen, vergessen wir, daß ein großer Teil der Verschwendung von Rohstoffen und Energie stattfindet, um unsere Ansprüche zu erfüllen. Selbst diejenigen, die die verschwenderischen Gewohnheiten unserer Kultur anprangern, müßten zugeben, wenn sie ehrlich wären, daß sie viel mehr besitzen, als sie brauchen.

Besitz kann unsere Erfahrung bereichern und für unser Leben und Arbeiten in der Welt nützlich sein. Wenn wir jedoch zu sehr an ihm hängen, bekommt er zu viel Bedeutung in unserem Leben. Wir beginnen zu denken, daß wir umso zufriedener sein werden, je mehr wir haben. Wir verlieren die Tatsache aus den Augen, daß das, was uns eigentlich Zufriedenheit gibt, nicht diese Dinge selbst sind, sondern die Weise, in der wir sie nutzen. Unser Verlangen, Dinge zu besitzen, führt zu einer selbstbezogenen oder sogar gierigen Haltung, die uns unser Gefühl für das Gleichgewicht mit der Welt verlieren läßt und uns von Veränderung und Wachstum absondert.

Während sich unsere Wünsche um uns selbst drehen, verfangen wir uns in den Verhaltensmustern von Brauchen und Wünschen. Frustration begleitet diesen Geisteszustand, der nur dem eigenen Selbst dient; bekommen wir nicht das, was wir wollen, entsteht ein Gefühl von Verlust und Unwilligkeit. Gelingt es uns, zu bekommen, was wir wollen, dann müssen wir es beschützen und verteidigen. Auf die eine oder andere Weise befinden wir uns auf einem eingegrenzten und engen Pfad, der uns von anderen trennt.

Der ständige Überfluß und Mißbrauch unserer Quellen und Hilfsmittel kann unser Gespür für den Unterschied zwischen wesentlichen und unwesentlichen Bedürfnissen trüben. Wir halten Dinge über kurze Zeit für wichtig, denken ausschließlich an Vergnügen und Annehmlichkeit und versäumen es, eine weitere Perspektive einzunehmen. Wir verlieren den Kontakt zu den Grundwerten des Lebens, und am Ende vergessen wir die vielen anderen, die immer zu wenig haben.

Wenn wir uns nahe genug wären, um die Bedürfnisse der anderen wirklich zu spüren, würde jeder von uns helfen. Aber wenn unsere Werte verschwommen sind, wenn wir durch ein Polster aus materiellem Komfort abgesondert sind, ist es schwierig, die Bedürfnisse und Probleme von anderen wahrzunehmen, geschweige denn, darauf zu reagieren.

Wenn wir erkennen, wie sich unsere verschwenderischen Gewohnheiten auf unser Leben, unsere Arbeit und auf unsere Beziehungen auswirken, können wir unsere wahren Bedürfnisse genauer kennenlernen. Wir hören auf damit, so rasch auf unsere oberflächlichen Wünsche zu reagieren und sind in der Lage, unsere Energie auf die Dinge zu konzentrieren, die uns wirklich etwas bedeuten, die Dinge, die das Leben lebenswert machen.

Übung 20: Prüfen, was wir besitzen

Um mit unseren Werten in Kontakt zu bleiben hilft es, uns regelmäßig und genau anzusehen, wie wir unseren Besitz nutzen. Nehmen Sie sich einige Minuten Zeit, um alles zu betrachten, was Sie besitzen. Wieviel benutzen Sie tatsächlich? Wieviel verschwenden Sie? Wenn Sie mehr haben, als Sie brauchen können, teilen Sie das, was Sie haben, mit anderen?

Wenn Sie planen, etwas neues zu erwerben, denken Sie an diese Fragen. Sie werden Ihnen helfen, mit verantwortungsvollem Blick zu prüfen, was Sie erwerben wollen und wie Sie es zu nutzen beabsichtigen.

Grundlegende Werte neu beleben

Möglicherweise hat in unserer Kultur bereits eine Rückbesinnung auf grundlegende, einfache Werte begonnen, ein Bemühen, traditionelle Ideale und Tugenden auf das moderne Leben zu übertragen. Wir fangen auch an, mehr auf die Zukunft zu achten und bewahren unsere Rohstoffe für kommende Generationen. Dieser Wandel ist sehr ermutigend, denn als eine der führenden Nationen sind die U.S.A. ein Beispiel für den Rest der Welt. Während wir uns zunehmend in Richtung eines weiseren, wirtschaftlicheren Gebrauchs von Rohstoffen und Energie bewegen, werden andere vielleicht durch diese positiven Veränderungen beeinflußt und kommen zusammen, um gemeinsam Wege zu finden, alle unsere Rohstoffe gut zu nutzen.

Allerdings liegt diese Möglichkeit noch in der Zukunft. Zuerst müssen wir diese Veränderung in unserem eigenen Leben verwirklichen, in unserer Arbeits- und Lebensweise. Es ist notwendig uns darüber bewußt zu sein, wie wir Dinge nutzen und zu lernen, sie gut zu nutzen. Wenn wir bei der Arbeit wissen, was genau gebraucht wird, nicht mehr und nicht weniger, bewegen wir uns fließend, jeder Schritt ist wohlüberlegt. Wir gehen sorgsam mit Material, Zeit und Energie um; die Planung verläuft reibungslos und unerwartete Probleme werden leicht bewältigt. Jeder Augenblick ist voller Lebendigkeit und Interesse, und wir spüren eine unmittelbare Verbindung zu all unserem Tun. Kollegen kommen zu einem Team zusammen und teilen Probleme und Freuden. Wir erfreuen uns einer klaren Zielvorstellung und ziehen aus unserer Arbeit wirkliche Zufriedenheit und tiefen Sinn.

Indem wir lernen, Wirtschaftlichkeit in allen Lebensbereichen anzuwenden und uns von dem Durcheinander zu befreien, das durch Verschwendung und Ineffektivität entsteht, werden wir selbständig und sicher. Wir betrachten unser Leben mit größerer Klarheit. Wir lernen, unsere inneren Anlagen zu schätzen, unsere Stärken so gut wie unsere Schwächen. Unsere neu gewonnene Klarheit gibt uns weitere Möglichkeiten, unsere Einstellungen und negativen Muster zu verändern. Anstatt uns Sorgen zu machen, daß wir nicht genug haben, bedroht durch eine Aussicht auf eine sinnentleerte Zukunft, freuen wir uns, denn Wachstum und Zufriedenheit werden sich beständig weiterentwickeln. Wir leben in der Gewissheit einer Vision, die uns an der Fülle echter Werte teilhaben läßt.

Wissen über uns selbst

Wir lernen die Schönheit der menschlichen Natur kennen, indem wir die Wahrheit und Integrität unseres Seins erkennen. Dieses Erkennen verleiht unserer Wahrnehmung Klarheit, unseren Entscheidungen und Handlungen Stärke und unserem Leben ein grundlegendes Gefühl von Sicherheit. Wenn wir wissen, wer wir wirklich sind, setzen wir die Freude, die Wahrheit und die tiefe Wertschätzung frei, die in jedem von uns zu finden sind. Echtes Wissen über uns selbst befähigt uns, unser Leben in eine heilsame und sinnvolle Richtung zu lenken und berührt unsere gesamte Erfahrung mit der Stärke, die der Bewußtheit innewohnt.

Eine gute Kenntnis unserer selbst verbessert die Lebensqualität, doch vielen von uns fällt es schwer, dieses befreiende Wissen über uns selbst zu verwirklichen. Wir mögen einen guten Teil unseres Lebens damit verbringen, unsere wahre Identität zu suchen, verschiedene Berufe zu wählen, neue Freundschaften zu schließen und neue Aktivitäten zu finden, die unser Interesse wecken. Aber je häufiger wir in diesen Dingen nach uns selber Ausschau halten, desto verwirrender scheint alle Erfahrung zu sein.

Was ist es, das uns davon abhält, die Wahrheit unseres inneren Seins zu entdecken? Jeder von uns hat ein Selbstbild, das sich auf unsere Annahme darüber gründet, wer wir selbst sind und wie andere uns sehen. Wenn wir in einen Spiegel schauen, wissen wir, daß das, was wir sehen, lediglich ein Spiegelbild ist; obwohl unser Selbstbild die gleiche illusorische Eigenschaft aufweist, glauben wir häufig, daß es real ist. Unser Glaube an dieses Bild lenkt uns von den wahren Qualitäten unseres Wesens ab.

Befürchtungen und Wünsche

Das Selbstbild ist wie eine Illusion; es verspricht uns Stärkung, entsteht aber ein Problem, das einen klaren und in sich selbst ruhenden Geist verlangt, kann uns unser Selbstbild nur wenig bieten; es ist nicht in der Lage uns Unterstützung zu geben, wenn wir sie am meisten brauchen. Da sich das Selbstbild darauf gründet, wie wir wünschen zu sein, darauf, wie wir fürchten zu sein oder wie wir gerne von der Welt gesehen würden, hindert es uns daran, uns selbst klar zu sehen. Wir erkennen unsere wahren Stärken und auch viele unserer Fehler nicht.

Das Selbstbild ist besonders trügerisch, weil es uns für unsere Schwächen und Unzulänglichkeiten blind machen kann. Indem wir diese Eigenschaften erkennen, könnten wir anfangen, sie zu ändern. Wenn wir uns aber auf unser Selbstbild verlassen, um sie zu verbergen, blockieren wir unser Wachstum. Wir benutzen unser Selbstbild, um uns selbst nicht ehrlich anschauen zu müssen. Wir schaffen ein von Stolz geprägtes Bild unserer selbst, das es uns ermöglicht zu glauben, unsere Unzulänglichkeiten seien nur kleine Probleme. Oder wir halten vielleicht an unseren negativen Eigenschaften fest und begrenzen uns selbst, indem wir uns hinter einem Bild verstecken, daß uns selbst erniedrigt.

Wenn wir unsere Energie auf die Unterstützung unseres Selbstbildes ausrichten, hindern wir uns selbst, mit anderen offen in Beziehung zu treten. Wir werden vielleicht taub für eine Rückmeldung, die nicht mit unserer Sicht von uns selbst übereinstimmt, oder wir zweifeln die Wahrheit an, wenn sie uns gezeigt wird. Zwar mögen wir andere durch diese Handlungen erfolgreich manipulieren, so daß sie unser Selbstbild unterstützen. Indem wir uns von ehrlicher Kritik abschneiden, verlieren wir aber den Kontakt mit denen, die uns eigentlich helfen wollen. Wir entfernen uns auch weiter von dem inneren Wissen, das uns helfen kann, die Wahrheit in dem zu erkennen, was andere sagen. Ohne etwas, auf das wir uns verlassen können, ohne festen Boden, auf dem wir stehen können, klammern wir uns noch fester an unsere Vorstellungen über uns selbst.

Übung 21: Dem Selbstbild auf der Spur

Wie können wir über die Begrenzungen des Selbstbildes hinausgehen und uns selbst besser kennenlernen? Wir können anfangen, indem wir uns genau anschauen, für wen wir uns halten. Nehmen Sie sich Zeit, um sorgfältig zu untersuchen, wie Sie sich selbst erscheinen. Wie stehen Sie mit Ihrem Selbstbild in Beziehung? Während Sie fortfahren, Ihre Vorstellungen über sich selbst zu betrachten, sehen Sie, wie diese sich auf Ihre Kollegen, Familie und Freunde beziehen; beobachten Sie, wie sie anderen erscheinen.

Es ist nicht einfach, Ihrem Selbstbild auf die Spur zu kommen, aber sobald Sie anfangen Ihre Vorstellungen über sich selbst klarer zu sehen, können Sie deren Einfluß auf Ihr Leben vermindern. Sie können sich selbst ehrlicher anschauen und lernen, all Ihre Eigenschaften zu erkennen und anzunehmen, all Ihre positiven Charakterzüge genauso wie all Ihre Fehler.

Sie können dann die Bewußtheit von sich selbst und Ihr Selbstvertrauen steigern, indem Sie die Muster des Wachstums in ihrem Leben genau anschauen. Betrachten Sie all das, was Sie geleistet haben und die Eigenschaften, die Ihr Wachstum beeinflußt haben. Wenn Sie sehen, daß Sie Probleme überwunden und frühere Fehler korrigiert haben, kann Sie dies dazu ermutigen, zukünftige Probleme als Gelegenheiten zum Lernen zu betrachten.

Sie können Ihr Wissen über sich selbst und Ihr Vertrauen genauso aufbauen, wie ein Athlet seine körperlichen Fähigkeiten trainiert: Obwohl es zu Anfang für Sie schwierig sein mag, sich selbst zu sehen, wird der Aufbau Ihrer zunehmenden Stärke zu einer Freude, sobald Ihr Selbstbild den Weg für wirkliche Selbsterkenntnis freigibt. Wenn Sie Ihre Stärken und Schwächen mit Klarheit betrachten, führt dies zu wirklichem Selbstvertrauen; Ihre wachsende Bewußtheit wird zu einer Quelle der Stärke in Ihrer Arbeit und in Ihrem Leben, zu einer festen Grundlage, die ihnen Halt gibt.

Neues Verstehen mit anderen teilen

Wenn wir an der Steigerung unserer Bewußtheit arbeiten, müssen wir einen Entwicklungsprozeß durchlaufen, ein delikater Prozeß, der sorgfältig genährt werden muß. Während wir in uns hineinschauen und unsere Bereitschaft ausweiten, sowohl unsere Stärken als auch unsere Schwächen zu untersuchen, während wir anfangen, Schritte zu einer Veränderung zu machen, mögen wir uns unserer Grundlagen nicht sicher sein. Dennoch sind wir vielleicht versucht, unser zunehmendes Wissen über uns selbst auszuprobieren, indem wir über das sprechen, was wir gerade durchlaufen, oder indem wir versuchen, anderen Ratschläge zu geben. Wenn wir über einen Prozeß des inneren Wachstums sprechen, bevor wir ihn ganz integriert haben, riskieren wir zu verlieren, was wir erreicht haben. Wir neigen dazu, die Stärke unserer Bewußtheit zu vergeuden, wir ersetzen Wachstum durch Reden.

Ein Kind läuft mit einer Seifenblase zu seiner Mutter und ist enttäuscht, wenn die Seifenblase zerplatzt, bevor es die Mutter erreicht. Wenn wir versuchen, unsere neue Bewußtheit zu früh mit anderen zu teilen, sind wir häufig ähnlich enttäuscht und desillusioniert. Wir mögen feststellen, daß andere das, was wir ihnen mitteilen, mißverstehen; oder es interessiert sie nicht wirklich, was wir zu sagen haben. Sie machen sich über uns lustig, bestreiten den Wert unserer Ansichten und erwecken Selbstzweifel in uns. Wenn dies geschieht, verlieren wir unter Umständen unser Vertrauen und vielleicht sogar unsere Fähigkeit, mit unseren tieferen und empfindsameren Gedanken und Gefühlen in Kontakt zu kommen.

Außerdem ist die Energie, die wir in das Reden über uns selbst investieren, wertvolle Energie, die darauf verwendet werden könnte, unsere Bewußtheit zu vergrößern. Nutzen wir unsere Energie auf kluge Weise, kann sie uns helfen, tiefer in uns zu gehen und die Veränderungen vorzunehmen, die notwendig sind. Allmählich werden wir uns mehr der Eigenschaften bewußt, die zu Wachstum führen, und indem wir weiter wachsen, beschützen wir von selbst unsere Entwicklung. Wenn wir unsere zunehmende Stärke ganz verarbeitet haben und sie verkörpern können, dann sind wir in der Lage, sie mit anderen zu teilen.

In Berührung mit der Realität

Ermutigung durch andere ist häufig hilfreich, wichtiger ist jedoch die Ermutigung, die wir uns selbst geben. Wenn wir mit der Person, die wir wirklich sind, umgehen können, gewinnen wir Vertrauen; niemand kann uns so verunsichern, daß wir den Boden unter den Füßen verlieren. Wenn wir in Berührung sind mit der Realität, werden wir durch nichts im Leben geschwächt. Indem wir unsere Stärke wachsen sehen und das Vertrauen erfahren, das entsteht, wenn wir unser inneres Wesen kennenlernen, entwickeln wir Klarheit und Ehrlichkeit sowie Bewußtheit.

Wenn wir uns wirklich unserer selbst bewußt sind, wissen wir, wo wir stehen und wer wir sind. Wir sind bereit, sowohl unsere Leistungen als auch unsere Unzulänglichkeiten anzunehmen und die Lektionen, die diese uns lehren können. In allen Erfahrungen erkennen wir das Potential, das unser Leben bereichern kann, und wir nutzen alles, was geschieht, um zu wachsen und uns auf eine heilsamere Weise zu entwickeln.

Wir erlangen eine ausgeglichene Sichtweise von unserer Beziehung zu uns selbst und anderen. Indem wir würdigen, wer wir wirklich sind, beginnen wir, die Qualitäten von anderen wertzuschätzen, und unser Verständnis der menschlichen Natur vertieft sich. Uns selbst und andere zu akzeptieren wird dann leicht. Wenn wir in uns selbst Vertrauen haben, können wir unser Herz öffnen, um alle anderen in unser Leben miteinzubeziehen.

Unsere Umgebung wird erhellt durch die Fürsorge und das Mitgefühl, das aus diesem natürlichen Annehmen entsteht. Unsere Energie und unsere Arbeit wird durch Klarheit geleitet, durch eine deutliches Gefühl davon, wer wir sind und was wir erreichen wollen. Die Ergebnisse unserer Arbeit und der Sinn, der sich in unserem Leben entwickelt, führen zu einer immer größeren Wertschätzung und Stabilität in all unserem Handeln.

Kommunikation

Kommunikation ist das wesentliche Bindeglied zwischen unseren Visionen und der nötigen Unterstützung, damit sie Gestalt annehmen können. Sie bewahrt die Einsichten der Menschheit, die am wertvollsten sind, und trägt sowohl die Inspiration in sich, die Kreativität entfacht, als auch die Wahrheit, welche der Fülle der menschlichen Natur Ausdruck verleiht. Sie stellt die Mittel bereit, um Wissen von einer Generation zur nächsten weiterzugeben. Daher spielt Kommunikation eine entscheidende Rolle in dem fortwährenden Prozess der Anhebung der Lebensqualität.

Wenn wir wirklich miteinander kommunizieren, öffnen wir Wege für Liebe und Anteilnahme, inspirieren gegenseitige Offenheit und erwecken eine tiefe Wertschätzung für die Freude und den Sinn im Leben. Ganz gleich, was wir versuchen mitzuteilen, unsere echte Anteilnahme ist stets Teil der Botschaft, denn wahre Kommunikation schafft ein Herz, einen Geist und vereint uns durch ein gemeinsames Band der Freundschaft und des gegenseitigen Verstehens. Gedanken und Gefühle werden ungehindert und klar zum Ausdruck gebracht; unser Geist, unser Herz und unsere Energie sind vollständig beteiligt, verschmolzen zu einer fließenden Einheit.

Gute Beziehungen bei der Arbeit hängen von diesem fließenden Zusammenspiel ab. Liegt uns Zusammenarbeit wirklich am Herzen, wissen wir, wie wichtig es ist, zu verstehen und verstanden zu werden, klar und ehrlich zu sein in dem, was wir sagen und wie wir es sagen. Wir hören uns gegenseitig zu, unterstützen einander, und Probleme in unserer Arbeit werden zügig behandelt. Wir helfen einander bereitwillig, verwirklichen gemeinsam unsere Ziele und teilen unsere gesamte Energie mit anderen. Wir sind für die inneren Botschaften empfänglich, die unsere Gefühle und Gedanken uns vermitteln, und daher auch feinfühlig gegenüber den Menschen, mit denen wir zusammenarbeiten. Wenn unsere Kommunikation gut ist, entsteht eine natürliche Harmonie und Anteilnahme.

Kommunikation ernst nehmen

Viele von uns haben den Kontakt zu dem inneren Wissen verloren, das das Wesen von Kommunikation ausmacht. Anstatt für uns selbst offen und in der Lage zu sein, unsere Gedanken und Gefühle mitzuteilen, sind wir um den Schutz unseres Selbstbildes bemüht. Wir sagen zwar, daß wir kommunizieren wollen, aber unsere Gesten und Äußerungen, der Ton unserer Stimme und unsere Sprechweise mögen zeigen, daß wir nicht wirklich etwas mitteilen wollen. Wenn wir uns selbst nicht gut kennen und weder unsere Motivation noch unsere Botschaften genau verstehen, werden wir außer Verwirrung nicht viel mitteilen.

Wenn wir kein wirkliches Interesse daran haben, etwas zu teilen, kann kein sinnvoller Gedankenaustausch stattfinden. Wir äußern möglicherweise nur einen Teil unserer Ansichten und erwarten, daß der andere ganz versteht, was wir gesagt haben. Oder wir hüllen unsere Auffassungen in eine Sprache, die nur wenige verstehen können. Obwohl andere uns nicht verstehen, mögen sie unseren Standpunkt und unsere Vorstellungen akzeptieren ohne zu fragen, weil sie ihren Mangel an Verständnis zu verbergen suchen. Auf diese Weise benutzen wir Kommunikation, um andere zu manipulieren anstatt als ein Mittel, uns anderen zu öffnen. Die Gelegenheit für den Fluß und Austausch von Ideen, die Gelegenheit, unser menschliches Verstehen zu vertiefen, geht verloren.

Wenn wir uns nicht genug darum kümmern, gut und klar zu kommunizieren, dann können wir wirklich nur unseren Mangel an Sorgfalt mitteilen. Wenn wir die Muster unserer Kommunikation genau untersuchen und dabei die Reaktionen der anderen auf das, was wir sagen, in Betracht ziehen, werden wir allmählich erkennen, wie unser Mangel an Sorgfalt unser Bemühen um eine klare Kommunikation behindert. Wir werden sehen, ob wir der anderen Person wirklich zuhören oder ob wir mehr damit beschäftigt sind, unsere eigenen Ansichten darzulegen. Festzustellen, ob wir eine andere Person unterbrechen oder ob wir bereit sind, sie direkt anzuschauen, kann uns viel über unser wahre Motivation sagen.

Ehrliche, offene Kommunikation

Indem wir unsere Interaktionen mit anderen beobachten, können wir die Probleme in der Kommunikation verstehen, die wir uns selbst schaffen. Wenn wir die Zufriedenheit verwirklichen wollen, die darin liegt, sich mit anderen auszutauschen, müssen wir unsere Bereitschaft entwickeln, offen mit unseren Mitmenschen zu kommunizieren. Um das zu tun, ist es notwendig uns mit der ganzen Kraft unseres Herzens und Geistes dafür zu entscheiden, uns zu ändern. Haben wir dies getan, können wir sicherstellen, daß unsere Anteilnahme stets ein klarer Teil unserer Botschaft ist.

Wenn wir unser Herz mehr für andere öffnen, sehen wir, daß gutes Zuhören bedeutet, alle unsere Sinne für das zu öffnen, was andere zu sagen haben – nicht nur auf der Ebene der Worte, sondern auf der Ebene des Herzens. Auf diese Weise lernen wir wirklich zu verstehen, wie andere fühlen und was sie uns zu sagen haben. Diese Empfänglichkeit ermöglicht uns eine tiefere Offenheit gegenüber uns selbst, und Kommunikation wird zu einer Brücke zu menschlichem Verständnis. Wenn wir beginnen, ehrlich zu kommunizieren, werden sich unsere Vorstellungen und Perspektiven entwickeln, verändern und weiten, und wir entdecken ein tiefes Gefühl der Befriedigung in unseren Interaktionen mit anderen.

Der gegenseitige Respekt und die gegenseitige Anerkennung, die aus wirklicher Kommunikation erwachsen, sind weitaus befriedigender und dauerhafter als Lob und Bewunderung unserer oberflächlichen Qualitäten. Wenn wir uns entspannen und uns gegenüber uns selbst und anderen öffnen, wenn wir den Versuch unterlassen, uns selbst und unsere Vorstellungen zu schützen, beginnen wir damit, positive Veränderungen in unserem Leben herbeizuführen. Treten wir mit der uns umgebenden Welt auf ruhige und meditative Weise in Verbindung, können wir unsere Vorstellungen klar mitteilen, und unsere Ziele verwirklichen sich von selbst. Wir sind im Einklang mit der Welt, und die Welt ist im Einklang mit uns.

Ein Leben in harmonischer Beziehung mit der Welt fördert die Entwicklung von Wissen und Kreativität in unserem Leben und in dem Leben unserer Mitmenschen. Das Bedürfnis, ein Selbstbild aufrechtzuerhalten, verschwindet, denn andere schätzen uns für das, was wir wirklich sind, und wir wiederum schätzen unsere Mitmenschen. Wenn wir lernen, gut zu kommunizieren, erfahren wir tiefen Frieden und Freude in unserem Leben. Unsere Beziehungen mit Kollegen, Familie und Freunden werden warmherzig und beständig, denn sie gründen sich auf Wahrhaftigkeit und Anteilnahme.

Zusammenarbeit

Die Fähigkeit zu guter Zusammenarbeit mit anderen erwächst aus den Eigenschaften, die zu einem gesundem Leben beitragen: Stabilität, Ehrlichkeit, Klarheit, inneres Vertrauen und eine gut konzentrierte Bewußtheit. Indem wir diese Eigenschaften entwickeln, lernen wir, unsere Fertigkeiten und unsere Erfahrung mit anderen zu teilen, und das ist der Beginn von Zusammenarbeit. Wenn wir anderen Anteilnahme entgegenbringen und ihnen offenen Herzens helfen, entdecken wir, daß die Unterstützung auf Gegenseitigkeit beruht.

Durch gute Zusammenarbeit mit anderen entsteht ein Bewußtsein für die Einzigartigkeit jedes Individuums und eine Wertschätzung für die Verbindung, die durch das Zusammenwirken vieler Einzelner an einer Aufgabe entsteht. Zusammenarbeit setzt eine lebendige Kraft kreativer Energie frei, die weitaus größeren Nutzen bewirken kann, als durch einen Einzelnen erreicht werden könnte. Fortschritt hängt sowohl auf der individuellen als auch auf der globalen Ebene von dieser Zusammenarbeit ab.

Grenzen selbst-bezogenen Bemühens

Obwohl jeder von uns den Wert von Zusammenarbeit schätzen kann, mögen wir es trotzdem nicht immer einfach finden, gut mit anderen zusammenzuarbeiten. Eines der am weitesten verbreiteten Hindernisse für Zusammenarbeit entsteht durch unsere Neigung anzunehmen, daß unsere eigenen Gefühle und Haltungen wichtiger sind als die der anderen. Es kann sein, daß wir meinen, alleine besser zurechtzukommen und unsere Energie ausschließlich auf unsere eigenen Ziele richten. Wir sehen nicht, daß diese selbst-bezogene Sichtweise sowohl uns selbst wie auch andere auf vielen verschiedenen Ebenen beeinflussen kann.

Während wir zunächst scheinbar gut zurechtkommen, verschließen wir uns allmählich und isolieren uns. Wir geben Informationen, die für die Arbeit von anderen hilfreich sind, nicht weiter. Wir pflegen kleinliche Eifersüchteleien, die zu Unmut führen, und persönliche Konflikte schlagen Wurzeln und beginnen zu wachsen. Kleinere Auseinandersetzungen verwandeln sich in größere Probleme, bis es schließlich schwierig, wenn nicht unmöglich wird, mit anderen gut zusammenzuarbeiten. Wenn die Kooperation uns nicht zusammenbringen kann, leiden unsere Arbeit und unsere Beziehungen, und wir verlieren das Vergnügen und die Vorteile aus den Augen, die enges Zusammenarbeiten mit anderen bringt.

Sich anderen gegenüber öffnen

Die Unfähigkeit zur Zusammenarbeit ist oft das Ergebnis von Verhaltensmustern, die in der Kindheit entstanden sind: das selbst-bezogene Bemühen, unseren Willen durchzusetzen und zu vermeiden, was wir nicht wollen. Diese Muster zeigen sich vielleicht darin, wie wir mit aktuellen Problemen in der Arbeit oder mit schwierigen Beziehungen umgehen. Wir können so beschäftigt sein mit unseren eigenen Interessen, daß wir die Wichtigkeit unserer Beziehungen mit anderen ignorieren. Daher verschließen wir uns den wesentlichen Elementen der Zusammenarbeit: nach außen schauen, sich öffnen, und vor allem Anteil nehmen.

Wir versuchen vielleicht zu Hause, ein wenig offener zu sein, aber besonders bei der Arbeit verschließen wir uns den Menschen, mit denen wir arbeiten, der Arbeit selbst und sogar uns selbst. Um unsere Ziele zu erreichen oder um unser Selbstbild zu schützen, versuchen wir vielleicht, die Menschen um uns herum zu manipulieren. Wir mögen an einer Position festhalten und uns weigern, zusammenzuarbeiten, weil wir Angst haben, daß unsere Schwächen sichtbar werden, sobald wir loslassen und uns anderen öffnen.

Dieses Festhalten an einer selbstbezogenen Perspektive jedoch ist es, was uns davon abhält, unsere Möglichkeiten der Anteilnahme und der reibungslosen Zusammenarbeit mit anderen zu verwirklichen. Wir erkennen nicht, daß Zusammenarbeit weitaus wichtiger ist, als einen Standpunkt erfolgreich zu verteidigen.

Übung 22: Konflikte entspannen

Wenn wir bereit sind, Zusammenarbeit zu lernen, öffnen wir unser Leben für eine reiche Erfahrung, die durch gute Zusammenarbeit mit anderen entsteht. Wenn Sie das nächste Mal einen Konflikt mit einem Kollegen haben, schauen Sie nach einer positiven Lösung für das Problem, anstatt sich auf Ihre Gefühle von Ärger oder Verletztsein zu konzentrieren. Dies ist der Augenblick, Ihre Emotionen loszulassen und sich um eine gute Zusammenarbeit zu bemühen, so daß Sie trotz der Meinungsverschiedenheiten ein Band der Zusammenarbeit bewahren können.

Dazu müssen Sie vielleicht auf die Gelegenheit verzichten, Ihren Gefühlen Luft zu machen – den Streit zu ›gewinnen‹. Aber wenn es Ihnen gelingt, sich zu entspannen und flexibler in Ihren Interaktionen mit anderen zu werden, setzen Sie Ihre natürliche Kreativität frei. Das wird die Qualität Ihrer Arbeit verbessern, Ihre Anteilnahme vertiefen und Ihre Fähigkeit steigern, Ihre Kollegen zu verstehen.

Um in der Lage zu sein, wirklich mit unseren Mitmenschen zusammenzuarbeiten, müssen wir uns auch uns selbst gegenüber öffnen gegenüber unserem Körper, unserem Geist, unseren Sinnen und unseren Gefühlen. Wenn wir lernen, die Botschaften zu erkennen, die wir von diesen Quellen erhalten, bildet unser inneres Wissen eine Brücke zwischen uns selbst und anderen. Wir gewinnen eine weitere Perspektive, die die Entwicklung von positiven, unterstützenden Beziehungen fördert. Wir lernen, Stimmungen und Gefühlen gegenüber empfindsam zu sein; wir wissen, wie andere sich fühlen, weil es uns am Herzen liegt. Wir nehmen den Klang ihrer Stimme und den Zustand ihrer Energie wahr und spüren daher, wann und wie wir uns ihnen rücksichtsvoll nähern können. Indem wir eine klarere Wahrnehmung entwickeln und anderen gegenüber empfindsamer werden, wird unsere Kommunikation offener und ehrlicher.

Ergebnisse von Zusammenarbeit

Wenn wir uns die Zeit nehmen, Wissen und Erfahrung mit unseren Freunden und Kollegen zu teilen, werden sie ermutigt, gut zu arbeiten und ihre Fähigkeiten zu entwickeln. Arbeit verläuft reibungsloser und ist effizienter, wenn wir klar kommunizieren und ehrliche Rückmeldung geben und wenn wir uns gegenseitig dabei unterstützen, unsere Vorstellungen auszudrücken und Entscheidungen zu treffen. Wir fühlen uns denen verbunden, mit denen wir arbeiten und trotzdem werden die Eigenschaften des Einzelnen geschätzt; Probleme werden zügig gelöst und die Energie bei der Arbeit ist ausgeglichen. In dieser Weise wachsen wir in gegenseitiges Vertrauen hinein und entwickeln eine starke Loyalität gegenüber den Belangen unserer Arbeit.

Wenn die Arbeitsumgebung lebendig und produktiv wird – förderlich für Wachstum, Ehrlichkeit, Klarheit und Zusammenarbeit –, sind diese Eigenschaften Teil von allem, was wir tun. Wir werden völlig bereitwillig unseren Teil dazu beitragen. Wir können uns aufeinander verlassen und helfen uns gegenseitig, Hindernisse zu überwinden, so daß die Arbeit gleichmäßig fließt und für alle eine Freude ist. Wir bringen all unsere Energie und Ideen zusammen, um eine starke und dynamische Kraft zu schaffen, die Ziele erreichen kann, die für uns alleine zu schwierig zu verwirklichen sind. Zusammenarbeit wird zu einer Erfahrung von gegenseitigem Verständnis und Respekt, zu einer Quelle unbegrenzter Zufriedenheit und schöpferischer Inspiration für alle.

Die Qualität von allem, was wir tun, wird erhöht, wenn wir eine natürliche Anteilnahme für andere zum Ausdruck bringen. Wenn wir unsere selbst-bezogenen Ansichten loslassen, wenn wir mit einem offenen Geist und in Harmonie mit unseren Mitmenschen arbeiten, beginnen wir, eine tiefe Freude und Zufriedenheit in all unseren Beziehungen zu erfahren. Unser Wachstum wird durch unsere offene geistige Einstellung beschleunigt, und wir sehen, daß Probleme und Konflikte abnehmen, nicht nur in unserem eigenen Leben, sondern auch in unserer gesamten Kultur. So machen die Segnungen von Zusammenarbeit die Lebensqualität für die gesamte Menschheit leichter und reicher.

Anteilnahme und Zusammenarbeit enthüllen uns das vielfältige Vergnügen an Arbeit, und die Zeit, die wir bei der Arbeit verbringen, wird zu einer Quelle der Anregung und Freude. Herausforderungen sind willkommen, und kreatives Potential erweitert sich sowohl bei der Arbeit als auch in anderen Bereichen. Die Energie ist positiv und heiter; sie fließt über in den Rest des Lebens. Die Unterschiede zwischen Arbeit und Freizeit verringern sich, wenn Arbeit in einen harmonischen Zugang zum Leben integriert wird. Wenn wir lernen, wirklich zusammenzuarbeiten, gibt es keine Grenzen für das, was wir erreichen können und wie tief wir das Leben genießen können.

Verantwortung

Es ist ein Leichtes, unsere persönlichen Verantwortlichkeiten zu erkennen: wir alle haben bestimmte Pflichten zu erfüllen und bestimmten Verbindlichkeiten nachzukommen. Diese sind uns bewußt. Aber unsere Verantwortlichkeiten beschränken sich nicht auf unsere persönlichen Pflichten, denn in viel tieferem Sinne sind wir für unsere gesamte Erfahrung verantwortlich: dafür, wie wir uns auf die Welt im Gesamten beziehen.

Wirkliche Verantwortlichkeit ist eine aktive Anteilnahme an allem und eine Empfänglichkeit für alles, was uns umgibt; eine Bereitschaft zu tun, was immer auch getan werden muß. Dies bedeutet, daß wir nicht bloß für bestimmte Verpflichtungen die Verantwortung übernehmen, sondern für jeden Aspekt des Lebens. Wir reagieren auf jede Erfahrung mit einer dynamischen Bereitwilligkeit, einer Offenheit für das Leben, die einer tiefen Anteilnahme entspringt.

Um Verantwortlichkeit zu entwickeln, benötigen wir Achtsamkeit, wir müssen wissen, wie die Dinge tatsächlich sind. Das heißt, uns unserer Handlungen und Gedanken, ihrer Wirkung auf andere und sogar ihrer Konsequenzen auf einer globalen Ebene bewußt zu sein. Diese Bewußtheit ermöglicht es uns, stets angemessen zu reagieren, uns der wahren Bedürfnisse unserer Mitmenschen zu öffnen und spontan in einer Weise zu handeln, die Harmonie und Gleichgewicht schafft.

Uns selbst Anteilnahme lehren

Wir alle haben die Fähigkeit zu dieser Empfänglichkeit und Bewußtheit, doch wurde den meisten von uns nicht gezeigt, wie diese zu entwickeln ist. Traditionellerweise war Erziehung ein

Prozeß, der das Erlernen von Wissen und Fähigkeiten verband, um einen wirklich verantwortungsvollen Platz in der Welt einzunehmen. Heutzutage stellt Erziehung im Allgemeinen jedoch nur Informationen bereit, ohne uns deren richtige Anwendung in unserem Leben zu lehren. Wir kennen weder das wirkliche Wesen noch das Ausmaß unserer Verantwortung als Menschen.

Wir müssen eine ›höhere‹ Bildung entwickeln, die in Anteilnahme wurzelt und sich auf Respekt für Wissen und Erfahrung gründet. Auch wenn eine solche Erziehung heute nicht leicht zu finden ist, können wir uns auf die Werte der Vergangenheit beziehen, denn sie übermitteln uns das Wissen, das von all jenen gesammelt wurde, die vor uns lebten. Dieser Schatz ist unser Erbe, und wenn wir lernen, ihn gut zu nutzen, können wir von ihm das Wissen darüber gewinnen, wie wir in der Welt wirkungsvoll handeln können.

Arbeit gibt uns die Gelegenheit, uns selbst zu erziehen und höhere Werte in unsere Alltagserfahrung einzubeziehen. Indem wir uns um die Arbeit kümmern und uns ihr ganz und gar zuwenden, wird es uns möglich, das Wesen unserer Verantwortung als Menschen zu verstehen. Denn wir haben eine Verantwortung zu arbeiten, unsere Begabungen und Fähigkeiten anzuwenden und unsere Energie zum Leben beizutragen. Unser Wesen ist kreativ, und wenn wir dies auszudrücken lernen, erzeugen wir immer mehr Begeisterung und Kreativität und regen damit beständig Freude in der uns umgebenden Welt an. Bereitwillig und mit ganzer Energie und Begeisterung zu arbeiten ist unser Beitrag zum Leben.

Jede Art von Arbeit kann eine Freude sein. Selbst einfache Hausarbeiten können eine Gelegenheit sein, unsere Anteilnahme, Effektivität und Empfänglichkeit auszudrücken und zu vergrößern. Wenn wir auf jede Arbeit mit Anteilnahme und Weitblick reagieren, entwickeln wir unsere Fähigkeit, auf alle Aspekte des Lebens zu antworten. Jede Handlung erzeugt positive Energie, die mit anderen geteilt werden kann. Diese Eigenschaften der Anteilnahme und Empfänglichkeit sind die kostbarsten Geschenke, die wir geben können.

Sich Verantwortung stellen

Wenn wir auf unsere Arbeit nicht mit unserer ganzen Energie antworten, begrenzen wir unsere Fähigkeiten und verleugnen unser wahres Wesen. Anstatt vollständig am Leben mitzuwirken und für unser kreatives Wesen Verantwortung zu übernehmen, setzen wir unserer Leistungsfähigkeit Grenzen. Wenn es mit unserer Arbeit nicht gut läuft, mögen wir es damit erklären, daß wir zuviel Verantwortung haben, oder daß uns diese Verantwortung aufgebürdet wurde; vielleicht machen wir auch mangelnde Erfahrung für unsere Erfolglosigkeit verantwortlich. Weil wir uns nicht ausreichend darum bemüht haben, unsere ganze Energie unserer Arbeit zu widmen, betrachten wir uns außerdem nicht als wirklich verantwortlich für die Ergebnisse unseres Tuns.

Wenn wir uns nicht ganz in unsere Arbeit einbringen, entziehen wir unserer Familie, unserer Gesellschaft und unserer Welt den vollen Ausdruck unserer Energie. Dieser Widerstand gegenüber der Verantwortung, die wir als menschliche Wesen haben, kann viele Formen annehmen. Wir meinen vielleicht, daß wir, wenn wir genug Geld zum Leben haben, nicht zu arbeiten brauchen. Vielleicht nähern wir uns Arbeit als einer uns aufgezwungenen Pflicht, der wir gegen unseren Willen nachkommen. Vielleicht arbeiten wir nur des Geldes willen. Was auch immer der Fall ist, wenn wir unsere Arbeit als etwas betrachten, dem wir uns widersetzen müssen, anstatt sie als Gelegenheit zu begreifen, die es wahrzunehmen gilt, nutzen wir eigentlich alle anderen Wesen im Universums aus; wir nutzen das Leben selbst aus. Wir besitzen das Geschenk des Lebens, und wenn wir nicht ganz von ihm Gebrauch machen, schaffen wir ein Ungleichgewicht in der Welt, denn andere müssen uns mit ihrer Energie unterstützen.

Unsere Geschichte zeigt deutlich die Folgen eines selbstbezogenen, verantwortungslosen Handelns. Nicht eingehaltene Verträge, gesellschaftliche Konflikte und ökologische Katastrophen deuten auf ein Versagen hin, wirkliche Verantwortung zu übernehmen, ein Versagen, auf die Anforderungen des Lebens vollständig und bewußt zu antworten. Wir alle haben jene gesehen, die andere in Schwierigkeiten oder Gefahrensituationen geführt und dann die Verantwortung für ihr Handeln von sich gewiesen haben. Aber diejenigen, die folgen, sind ebenso verantwortlich, denn ob wir andere führen oder uns führen lassen, wir sind verantwortlich für das Geschehen.

Versäumen wir es, darauf zu bestehen, daß die Menschen, die uns führen, ihre Integrität beweisen oder verantwortungsvolles Handeln zeigen, bereiten wir den Weg für gedankenlose Führung in der Zukunft. Wenn wir auf diejenigen hören, die uns versprechen, was wir hören wollen, anstatt auf diejenigen, deren Wissen und Erfahrung sie zu einer Führungsrolle befähigt, begünstigen wir einen allgemeinen Mangel an Empfänglichkeit und Anteilnahme.

Wollen wir verantwortungsbewußt handeln, müssen wir unsere Gefühle der Anteilnahme und Fürsorglichkeit stärken. Dann können wir uns bemühen, unsere Situation von einer umfassenderen Perspektive aus zu sehen. Wenn wir für unsere Mitmenschen, unsere Arbeit und unsere Kollegen empfänglicher werden, bekommen wir ein deutlicheres Gespür für die Folgen unseres Handelns. Indem unsere Bewußtheit und unsere Empfänglichkeit zunehmen, sehen wir uns in der Lage, für das zukünftige Wohlergehen unserer Kinder, unserer Gesellschaft und unserer Welt die volle Verantwortung zu übernehmen.

Übung 23: Vollständiges Anteilnehmen

Das Betrachten unserer eigenen Vergangenheit kann uns helfen, unsere Fähigkeit zur Anteilnahme zu entwickeln. Wir alle haben uns schon einmal offen und vollständig einem anderen Menschen zugewandt und haben seine Bedürfnisse als unsere eigenen angesehen. Nehmen Sie sich Zeit, die Einzelheiten dieser Erinnerung in sich wachzurufen: Was geschah, wie haben Sie sich der anderen Person gegenüber gefühlt, was haben Sie getan?

Dann wenden Sie sich in Ihrer Erinnerung einem Ereignis zu, wo Sie nicht mit Anteilnahme handelten, wo Ihre Worte und Taten jemand anderen verletzt haben. Schauen Sie sich die Situation nochmals genau an und untersuchen Ihre Motive, Ihr Vorgehen und Ihre Reaktionen gegenüber der anderen Person. Erinnern Sie sich, ob Sie dessen Gefühle bedachten, bevor Sie handelten; worum ging es Ihnen dabei? Wenn Sie die Situation dann so sorgfältig wie möglich überprüft haben, stellen Sie sich vor, daß Sie nun auf dieselbe Situation mit der ganzen Kraft Ihrer Anteilnahme reagieren, und lassen Sie zu, daß die positiven Gefühle in Ihrem Herzen stärker werden.

Sich auf Wahrheit gründen

Verantwortungsvolles Handeln fördert ein gesundes Wachstum und positive Einstellungen und gibt unserem Leben einen Sinn. Wir leben auf natürliche Weise, im Einklang mit dem Rhythmus des Universums, mit einer tiefen Anteilnahme an all unserem Tun. Indem wir die Natur des Daseins verstehen lernen, erkennen wir, daß es letztendlich die Wahrheit ist, für die wir verantwortlich sind.

Obwohl das Bekennen zur Wahrheit eine einsame Position sein kann, wird Wahrheit uns von Selbstsucht, Widerwillen, Angst und Besorgnis befreien. Wenn wir in unserem Leben die Verantwortung dafür übernehmen, nach Wahrheit zu streben und für sie einzustehen, werden wir feststellen, daß sie unserem Dasein Kraft verleiht. Wahrheit schenkt uns eine klare Sicht und führt uns auf einen gesunden Weg von Wachstum und Erfüllung. Sobald wir uns verantwortungsvolles Handeln zueigen machen, öffnen Zeit und Wissen uns für die unendlichen Möglichkeiten des Daseins. Obwohl wir anfangs vielleicht zögern, wenn wir uns weiterhin ermutigen, gewinnen wir wahre Freiheit.

Verantwortungsvolles Handeln ist eine natürliche Antwort, wenn wir es einmal gelernt haben. Wir sind nicht belastet durch ein Gefühl von Pflicht oder Verbindlichkeit – wir handeln verantwortlich, weil dies natürlich und heilsam ist. Wir leben in Übereinstimmung mit einer durch Anteilnahme und Empfänglichkeit geprägten Beziehung zur Welt. Diese Empfänglichkeit ist so vollkommen wie die Empfänglichkeit der Sonne für die Erde: eine ungebrochene Übereinkunft, die ohne Zögern erfüllt wird.

Bescheidenheit

Heutzutage ist wirkliche Bescheidenheit nicht leicht zu erlangen. Unterschwellige Unehrlichkeit, Konkurrenzdenken und Egoismus sind weit verbreitet. Wir haben den Kontakt verloren und wissen nicht mehr, wie wichtig es ist, mit anderen zu teilen. Wir halten unsere Liebe und Anteilnahme zurück und behalten freudige Gefühle für uns selbst, weil wir Angst haben, mit anderen zu teilen. Vielleicht findet Freude nur selten Eingang in unser Leben, und die Bedürfnisse anderer Menschen mögen so überwältigend erscheinen, daß wir meinen, so viel wie möglich für uns selbst behalten zu müssen. So versäumen wir es, die Qualitäten von Liebe und Anteilnahme zu stärken, die unsere Beziehungen mit anderen verbessern würden.

Wenn wir die Anlagen, die uns gegeben sind, entwickeln, wenn wir unsere Wärme und Freude aktiv mit anderen teilen, inspirieren wir andere, ähnliche Gefühle zu entwickeln; wir entdecken den großen Reichtum und die Werte, die wir voneinander empfangen können. Dieses offene Teilen mit anderen ist ein Ausdruck wahrer Bescheidenheit.

Wenn wir bescheiden sind, können wir erfahren, was allen Menschen gemeinsam ist. Bescheidenheit führt zu einem ausgewogenen Blick auf die menschliche Natur, der die Stärken und Schwächen mit einbezieht, denen jeder von uns unterworfen ist. Wirklich bescheiden zu sein erfordert, daß wir uns selbst ehrlich anschauen und unsere Fähigkeiten und Schwächen klar erkennen. Wenn unsere Selbsteinschätzung ehrlich ist, können wir respektieren, wer wir sind, und dieses tiefe Annehmen unseres Wesens führt zu größerem Verständnis und Respekt für andere. Wir sind motiviert, anderen bei ihren Problemen zu helfen und sie zu unterstützen, damit sie ihre Fähigkeiten entwickeln können. Wir sehen, daß wir alle ähnliche Ziele von Glück und Erfüllung haben und auch alle ähnlichen Problemen und Schwierigkeiten unterworfen sind.

Stolz und geringe Selbstachtung

Wenn wir mit uns selbst nicht ehrlich sind, können wir unser inneres Wesen nicht achten und verlassen uns daher auf unser Selbstbild, um uns ein Gefühl von Wert zu geben. Wir sind so damit beschäftigt, uns selbst zu schützen, daß wir beginnen, nur unsere eigenen Ziele zu sehen. Fügen wir anderen durch unsere Handlungen Schaden zu, kümmert uns dies nur wenig. Während unser Blickwinkel sich verengt, vergessen wir die grundlegende Würde jedes menschlichen Wesens. Wir verlieren den Respekt für andere und beginnen, uns allen anderen überlegen zu fühlen.

Dieser Stolz ist in Wirklichkeit ein Zeichen von unserem Mangel an Selbstvertrauen und Selbstrespekt. Weil wir unsere Unzulänglichkeiten nicht akzeptieren können, halten wir eine falsche Sicht unserer selbst aufrecht; unser Stolz führt zu Rücksichtslosigkeit anderen gegenüber und zur Entfremdung von anderen. Wir konkurrieren mit unseren Mitmenschen, weil wir alles so einrichten wollen, wie es unserer Meinung nach sein müßte; wir weisen auf die Fehler und Schwächen von anderen hin und ignorieren ihre Tugenden und Fähigkeiten. Aber anstatt unseren Wert zu beweisen, enthüllen unsere Vergleiche und Urteile nur unseren Mangel an Selbsterkenntnis und vergrößern den Graben, der zwischen uns und unserer Menschlichkeit besteht. Bis wir selbst frei sind von Fehlern, steht es uns nicht zu, andere zu kritisieren, denn wir selbst machen fortwährend Fehler, oft sind es die gleichen, die wir verdammen.

Jeder hat Fehler, Hindernisse, die seiner positiven Entwicklung im Wege stehen. Wenn wir uns dieser Fehler in uns selbst bewußt sind, ist es schwierig, anderen gegenüber eine überlegene Haltung beizubehalten. Wenn wir ehrlicher werden und bereitwillig unsere Unzulänglichkeiten zugeben, vergrößern wir unsere Selbsterkenntnis und unseren Selbstrespekt. Dieser Selbstrespekt überwindet unsere Angst, nicht zu genügen, und wir meinen nicht mehr, überlegen zu handeln zu müssen.

Wir können uns sogar zugestehen, zu versagen und damit die Gelegenheit annehmen, durch unser Versagen aus unseren Fehlern zu lernen. Unsere zunehmende Selbst-Bewußtheit läßt uns die menschliche Natur mit größerer Bewußtheit wahrnehmen, und wir beginnen uns um das Wohlergehen anderer zu kümmern. Diese Qualität der Anteilnahme bringt wirkliche Bescheidenheit hervor.

Übung 24: Egoismus umformen

Indem wir eine bescheidene Haltung entwickeln, können wir unsere egoistischen Tendenzen in Großzügigkeit verwandeln, und wir können dann die Schönheit entdecken, die in wirklichem Geben und Teilen mit anderen liegt. Während wir es zulassen, daß tiefe Anteilnahme all unser Tun durchdringt, erkennen wir, daß ein bescheidenes Herz das größte aller Herzen ist. Der Respekt und die Sorge, die wir anderen entgegenbringen, wecken in ihnen ebenfalls Anerkennung und Wärme, und all unsere Interaktionen werden auf eine lebendige Ebene gehoben.

Sie können Ihre Bewußtheit und Ihr Gefühl für Anteilnahme entwickeln, indem Sie sich selbst und Ihre Beziehungen mit anderen ehrlich ansehen. Ein guter Anfang ist es, Ihre Haltung gegenüber jemandem, den Sie nicht mögen, zu untersuchen. Schauen Sie sorgfältig alle Eigenschaften dieser Person an, die Sie stören. Sind es Eigenschaften, die Sie an sich selbst nicht mögen?

Wenn Sie diesem Menschen das nächste Mal begegnen, konzentrieren Sie sich auf eine seiner positiven Eigenschaften und erlauben Sie, daß in Ihrem Herzen ein gutes Gefühl für ihn entsteht und größer wird. Von diesem Moment an nähren sie dieses Gefühl, und lassen Sie sich nicht durch irgendwelche negativen Urteile aus dem Gleichgewicht bringen. Prüfen Sie nach einigen Wochen oder Monaten, wie sich Ihre Gefühle diesem Menschen gegenüber geändert haben. Wenn Sie diesen Prozeß mit jedem Menschen, den Sie nicht mögen, fortführen, werden Sie entdecken, daß es kein Lebewesen gibt, für das Sie nicht tiefe Anteilnahme empfinden können.

Liebe teilen

Wenn wir unsere Anteilnahme anderen widmen, wachsen unsere positiven Gefühle und breiten sich aus; andere Menschen antworten ihrerseits mit Liebe, und der Reichtum dieser gemeinsamen Erfahrung hebt überall die Qualität des Lebens an. Unsere Anteilnahme und Freude wachsen, und wir stärken unsere Fähigkeit, unsere Sorge für andere zu vertiefen und auszudehnen. Wenn wir unser Leben auf Anteilnahme gründen, haben unsere Beziehungen eine stabile und gesunde Grundlage, und wir haben die Stärke, mit allen Erfahrungen geschickt umzugehen.

Diese Art von Bescheidenheit ist der größte Schatz des Lebens. Wenn wir uns gegenseitig mit Anteilnahme und Liebe begegnen, gibt es zwischen uns keine Trennung. Wir werden nicht länger in Konflikten gefangen, denn wir sehen, daß die Unterschiede zwischen uns Ausdruck unserer einmaligen Eigenschaften sind und daß sie eine tiefe Wertschätzung für das menschliche Wesen wachrufen.

Indem wir erfahren, was allen menschlichen Wesen gemein ist, wird unsere Haltung dem Leben gegenüber leicht und offen. Wir entdecken, daß die Teilnahme an einem gegenseitigen Austausch von Wissen und Erfahrung die Weisheit hervorbringt, die alle Bedürfnisse erfüllt und uns in Harmonie mit allen Wesen leben läßt. Diese Entdeckung, dieser Ausdruck echter Bescheidenheit, ist eine der wertvollsten Einsichten, die wir gewinnen können.

Register

Über den Autor

Tarthang Tulku Rinpoche ist ein religiöser Lehrer aus dem Kloster Tarthang in Osttibet. In jungen Jahren erhielt er durch einige der größten spirituellen Lehrer des Ostens in Tibet eine umfassende Ausbildung in der Philosophie und Praxis des tibetischen Buddhismus. 1958 verließ er Tibet und ging nach Indien, wo er sieben Jahre lang an der Sanskrit Universität in Benares lehrte. In dieser Zeit gründete er Dharmamudranalaya, eine Druckerei, die sich der Bewahrung tibetischer Literatur widmete.

Nach seiner Ankunft in den Vereinigten Staaten 1968 stellte sich Tarthang Tulku der herausfordernden Aufgabe der Verbreitung des Dharma in Amerika. 1969 gründete er das Tibetan Nyingma Meditation Center, und auf der Grundlage dieser religiösen Organisation entstanden die Nyingma-Zentren. Viele Studenten sind dorthin gekommen, um unter Rinpoches Anleitung zu arbeiten, zu studieren und zu praktizieren. Sie haben einen Pfad der spirituellen Entwicklung betreten, der alle Erfahrung als eine Quelle für Wachstum und Bewußtheit nutzt.

Der Verlag Dharma Publishing und die Druckerei Dharma Press, die 1971 gegründet wurden, haben über 60 Titel für buddhistische Studien publiziert. Rinpoche verfaßte Bücher, die in buddhistische Einsichten und Praxis einführen – einschließlich *Gesture of Balance*, *Openness Mind*, *Kum Nye Relaxation* und *Skillful Means*. Er ist auch der Verfasser philosophischer Werke, die eine transformierende Vision menschlicher Erfahrung vermitteln – *Time, Space, and Knowledge*, *Love of Knowledge*, *Knowledge of Time and Space*, *Knowledge of Freedom* und *Dynamics of Time and Space*. Rinpoche übersetzte traditionelle Texte und gab mehr als

12 Bände der *Crystal Mirror Series*, einer Serie, die grundlegende Studientexte enthält, heraus. *

An dem 1973 in Berkeley, Kalifornien, gegründeten Nyingma Institute hat Rinpoche eine maßgebliche Rolle in der Begegnung zwischen Ost und West gespielt. Psychologen, im Gesundheitswesen Tätige, Pädagogen und Studenten aus der ganzen Welt kamen dorthin, um die Lehren der Nyingma-Tradition zu studieren und im Kontext ihres eigenen Lebens und Berufes anzuwenden. 1973 initiierte Rinpoche das 'Human Development Training Program', eine dynamische Integration östlicher Auffassungen und westlicher Psychologie. Im Verlauf von sechs Jahren hat er mehrere tausend Studenten in Philosophie und Meditation unterrichtet. Unter seiner Anleitung haben seine Schüler die von ihm initiierten Programme zu Psychologie, Philosophie und menschlicher Entwicklung ausgebaut.

1975 begann Rinpoche mit der Arbeit für Odiyan, dem im Norden Kaliforniens gelegenen Nyingma-Retreatzentrum. Er hat alle Aspekte der Planung, Konstruktion und Entwicklung dieses herausragenden Projektes beaufsichtigt. Die Schönheit von Odiyan, die sich nun immer mehr offenbart, spiegelt die Klarheit und Tiefe der Vision Rinpoches wider. Mit seiner Vollendung wird Odiyan zu einer Heimat für den Dharma im Westen und zu einem Zentrum für die Bewahrung tibetischer heiliger Kunst, Texte und Kultur. Menschen verschiedener Nationen haben hier die Möglichkeit, die Wahrheit des Dharma in ihrem täglichen Leben zu erfahren. Die Übersetzung tibetischer Texte wird in Zukunft eine der wichtigsten Aufgaben sein. Jedem, der aufrichtiges Interesse hat, steht die Möglichkeit offen, die Lehren der Nyingma-Tradition zu studieren und zu praktizieren.

Zusätzlich zu diesen größeren Zentren hat Rinpoche auch noch andere Organisationen gegründet, so z. B. die Tibetan Nyingma Relief Foundation, die seit 1971 tibetische Flüchtlinge in Indien, Nepal und Bhutan unterstützt.

* Ein Verzeichnis der bei Dharma Publishing Deutschland erschienenen Bücher finden Sie am Ende des Buches.

Lama Anagarika Govinda, einer der bekannten Repräsentanten des tibetischen Buddhismus, sagte einmal über das Schaffen von Tarthang Tulku: »Es grenzt schon an ein Wunder, daß Sie, als mittelloser Flüchtling in dieses Land gekommen, in der Lage waren, innerhalb von sieben Jahren das zu erreichen, was allen Buddhisten in Europa in siebzig Jahren nicht gelang: eine eigenständige buddhistische Gemeinschaft zu gründen, mit der Möglichkeit, den Dharma in all seinen Aspekten zu studieren und zu praktizieren...«

Es ist bemerkenswert, daß ein Mensch, der einem so abgelegenen Land wie Tibet entstammt, der westlichen Kultur solch fundamentale Einsichten geben kann. Die traditionellen Dharma-Lehren sind für den Westen nicht ohne weiteres zugänglich, denn die Sprache und der Kontext dieser Lehren sind den Menschen im Westen nicht vertraut. Während seiner über dreißigjährigen Arbeit mit Amerikanern und Angehörigen anderer Nationen hat Rinpoche viele Wege erforscht, um die Wahrheit seiner Tradition in einer Form auszudrücken, die für die westliche Kultur Bedeutung hat. Durch Rinpoches Bücher spricht diese Wahrheit direkt zum westlichen Geist und Herzen. In diesem Buch *Die innere Kunst der Arbeit* finden die Ergebnisse seiner Arbeit und Erfahrung einen Ausdruck, der den tiefen Wert von Rinpoches Wirken bestätigt.

Weitere Bücher von Dharma Publishing Deutschland

TARTHANG TULKU:
Dynamik von Zeit und Raum
Dieses Buch enthüllt Raum als die Quelle von Erscheinung und bietet die Dynamik von Zeit an als die verborgene Quelle von Bedeutung. Durch sorgfältige Analyse, furchtlose Spekulation und schöpferische Imagination können wir unsere natürliche Affinität zu Wissen erwecken. 25 Übungen transformieren Denk- und Verständnisweisen. Das Buch ist Teil der „Raum, Zeit und Erkenntns"-Vision.
Münster 1999, 388 Seiten, DM 54,00

TARTHANG TULKU:
Befreiendes Wissen – Zeit zur Veränderung
Eine Vision menschlicher Freiheit und eine herausfordernde Reise in unsere Bewußtheit, die die in uns liegenden unbegrenzten Fähigkeiten zu Wissen wachruft. ›Ein meisterhaftes Buch der Synthese von Herz und Verstand‹. (Prof. Michael von Brück)
Münster 1992, 390 Seiten, DM 39,80

TARTHANG TULKU:
Geschicktes Wirken – Arbeit erfolgreich meistern
Erfolgreiches Arbeiten bringt unsere Fähigkeiten und unsere Intelligenz zur Entfaltung. Über achtzig Übungen, die uns bei der Arbeit begleiten, zeigen auf, wie wir mit Freude, Enthusiasmus und tiefer Befriedigung arbeiten können. Arbeit wird zu einem Weg der Verwirklichung und Transformation.
Münster 1994, 268 Seiten, DM 32,80

TARTHANG TULKU:
Wege zum Gleichgewicht
Das Buch beschreibt, wie wir gerade in unserer heutigen schnellebigen Zeit zu innerer Ruhe, Klarheit und individuellem Glücklichsein finden können. In einer warmen offenen Sprache, teilweise in Dialogform, führt dieses Buch in das tiefgründige Wissen der tibetisch-buddhistischen Nyingma-Tradition ein. Wir lernen, Bewußtheit zu entwickeln, schöpferisch mit Gedanken und Emotionen umzugehen und unsere geistigen, emotionalen und physischen Energien auszugleichen. Es öffnet uns den Weg zu einer ausgeglichenen Seinsweise, die in jedem Augenblick verfügbar ist.
Münster 1997, 196 Seiten, DM 29,00

Tarthang Tulku:
Offene Bewußtheit
Meditation zeigt sich als ein Weg, unser Bewußtsein dem Reichtum der Erfahrung zu öffnen. Ein praktischer Zugang, um Bewußtheit zu entwickeln, die Grenzen unseres Selbstbildes zu überwinden, Konzentration zu stärken und unsere Lebensweise heilsam zu gestalten.
Münster 1992, 194 Seiten, DM 25,90

Tarthang Tulku (Hrsg.):
Die Drei Juwelen – Buddha, Dharma und Sangha
In einer klar verständlichen Sprache werden wir in die Bedeutung von Buddha, Dharma und Sangha eingeführt. Das Buch stellt die grundlegenden buddhistischen Lehren vor und gibt einen Überblick, welche Ausprägung der Dharma in unterschiedlichen Kulturen und zu verschiedenen Zeiten angenommen hat.
Münster 1996, 257 Seiten, DM 45,80

Tarthang Tulku (Hrsg.):
Schritte auf dem Diamantweg
„Schritte auf dem Diamantweg" ist eine exzellente Einführung in den Vajrayana Buddhismus anhand von drei Schwerpunkten: Übertragungslinie, traditionelle Lehren und Lehren für den Westen. Die Übersetzungen von alten Meistern wie Paltrul Rinpoche, Longchenpa und anderen sowie die Artikel von Tarthang Tulku Rinpoche illustrieren die Relevanz dieser alterhrwüdigen Lehren für unsere heutige Zeit. In einer einfachen und ansprechenden, auf wissenschaftliche Terminologie bewußt verzichtenden Sprache verfaßt, ist dieses Buch besonders gut geeignet, dem westlichen Menschen buddhistisches Gedankengut näher zu bringen.
Münster 2000, 251 Seiten, DM 45,80

Padmasambhava:
Die Legende vom großen Stupa
Die legendäre Entstehungsgeschichte des großen Stupa bei Kathmandu in Nepal handelt von Inkarnation, Hingabe, Niedergang und Neubeginn. Eine Terma-Schrift von Padmasambhava an Yeshe Tsogyal.
Münster 1993, 75 Seiten, DM 22,00

Lama Govinda:
Einsichten eines Pilgers im Himalaya
Aufsätze über Buddhismus, Kunst und Dimensionen der Spiritualität, die Lama Govinda im hohen Alter schrieb; u.a. Pilger und Klöster im Himalaya, Buddhistische Kunst und Architektur, Die Acht Formen von Guru Padmasambhava, Die Bedeutung von Mantras im Vajrayana.
Münster 1993, 195 Seiten, DM 25,90

Reihe: Jataka Geschichten für Kinder erzählt

Die Jataka Geschichten haben ihren Ursprung in jahrtausendealten Erzählungen Asiens. Als Tierfabeln zeigen sie, wie die Kraft von Mitgefühl und Weisheit jede Situation verändern kann. Für Kinder von 3 - 8 Jahren. Mit Seiten zum Ausmalen. Bisher sind erschienen:

Das kleine Kaninchen und die Angst
Die Angst eines Kaninchens bringt viele Tiere in Gefahr. Ein weiser Löwe rettet die Tiere.
26 Seiten, broschiert, DM 18,50

Gute Freunde sind viel wert
Eine Falkenfamilie lernt den Wert der Freundschaft kennen.
28 Seiten, broschiert, DM 18,50

Der Papagei und der Feigenbaum
Ein Papagei wird in seiner Treue zu einem Feigenbaum auf die Probe gestellt.
28 Seiten, broschiert DM 18,50, gebunden DM 28,50

Demnächst erscheint:

Goldstücke
Eine Reise, die mit einem Geschenk beginnt, zeigt die Schönheit von Großzügigkeit und deren Kraft, das menschliche Herz zu verwandeln.
30 Seiten, broschiert, DM 18,50

Dharma Publishing Deutschland
Wilhelmstraße 28 · D-48149 Münster
Telefon: 0251-296247 · Telefax: 0251-272710
e-mail: Dharmapublishdtl@aol.com